Cofio
Tomos

Cofio
Tomos

Gol. D Huw Owen

Argraffiad cyntaf: 2009

Dymuna'r cyhoeddwyr gydnabod cymorth ariannol
Cyngor Llyfrau Cymru

Cynllun y clawr: Y Lolfa
Llun y clawr: Hywel Owen

Rhif Llyfr Rhyngwladol: 978 1 84771 144 1

Cyhoeddwyd, rhwymwyd ac argraffwyd yng Nghymru
gan Y Lolfa Cyf., Talybont, Ceredigion SY24 5HE
gwefan www.ylolfa.com
e-bost ylolfa@ylolfa.com
ffôn 01970 832 304
ffacs 832 782

CYNNWYS / *CONTENTS*

YSGRIFAU TOMOS / *WRITINGS BY TOMOS*

Rhagair

Awgrymwodd nifer o gyfeillion a chyd-weithwyr Tomos y dylid cyhoeddi cyfrol er cof amdano, a chafwyd cydweithrediad parod Gwasg y Lolfa a llawer o sefydliadau ac unigolion.

Disgleiriodd Tomos ar y cyrtiau tennis, y maes pêl-droed, ac yn arbennig y llain griced, a bu'n gynhyrchydd chwaraeon dawnus gyda'r BBC am ddeng mlynedd. Mwynhawyd iechyd arbennig ganddo hyd at fis Gorffennaf 2006. Yn ystod y mis hwnnw, fe'i trawyd gan y clefyd leukaemia. Ar ôl iddo dderbyn llawer o driniaethau, ac ymateb yn gadarnhaol i'r trawsblaniad mêr yr esgyrn ym mis Mawrth 2007, gyda'i frawd Hywel yn rhoddi'r celloedd iddo, dirywiodd ei iechyd ddiwedd haf 2008 a bu farw ar 4 Ionawr 2009.

Wedi marwolaeth Tomos, derbyniwyd negeseuon di-rif oddi wrth ei gyfeillion a'i gydnabod ac ymddangosodd teyrngedau niferus ar y cyfryngau, gwefannau ac yn y Wasg. Daeth cynulleidfa luosog i'r angladd a gynhaliwyd yng Nghapel Salem, Treganna, Caerdydd, ar 15 Ionawr 2009, a thraddodwyd yno anerchiadau diffuant yn canmol ei rinweddau.

Rhannwyd y gyfrol yn dair rhan, sef detholiad o'r teyrngedau a'r negeseuon a gyflwynwyd er cof am Tomos, gan ganolbwyntio ar yr ymateb i'w waith fel cynhyrchydd chwaraeon; casgliad o ffotograffau sy'n darlunio gwahanol agweddau o'i fywyd; a detholiad o'i ysgrifau: y rhan fwyaf ohonynt wedi eu hysgrifennu yn ystod cyfnod ei waeledd. Maent yn cynnwys y sylwadau craff yn ei golofn wythnosol 'Wythnos Gron' ar wefan BBC Cymru'r Byd, Mawrth–Rhagfyr 2008: cyflwynir yma, yn gryno, brif ddatblygiadau y cyfnod hwnnw yn y byd chwaraeon yng Nghymru. Ymddangosodd un ohonynt yn ystod yr wythnos wedi ei farwolaeth, sef ei adolygiad o'r gyfrol a gyhoeddwyd wedi marwolaeth ei gyfaill Ray Gravell.

Y mae'r rhan fwyaf o'r gyfrol yn y Gymraeg, iaith gyntaf Tomos, ond cynhwysir detholiad o deyrngedau a gyhoeddwyd yn Saesneg, a chapsiynau dwyieithog i'r ffotograffau, gan hyderu y bydd modd i gydweithwyr a chyfeillion di-Gymraeg Tomos hefyd werthfawrogi'r gyfrol.

Dymunwn ddiolch i Wasg Y Lolfa am ei cymorth gyda'r trefniadau cyhoeddi ac am gynhyrchu cyfrol ddeniadol sydd yn deilwng o'r gwrthrych. Bu Garmon a Lefi Gruffudd, ffrindiau da i Tomos, yn gefnogol o'r cychwyn a chafwyd ganddynt gyngor gwerthfawr. Rydym hefyd yn gwerthfawrogi cefnogaeth y cyfranwyr. Llwyddwyd i gysylltu gyda'r rhan fwyaf ohonynt ond rydym yn sicr na fydd y gweddill yn gwrthwynebu i'w sylwadau gael eu cyhoeddi. Cyfyngwyd y mwyafrif o'r teyrngedau i ddetholiad o gydweithwyr a sylwebwyr BBC Cymru. Yn anffodus bu'n rhaid hepgor y negeseuon personol a gyflwynwyd gan sawl un arall, a chan y cyfeillion lluosog a gysylltodd â ni, gyda nifer ohonynt yn ein cynorthwyo trwy weithgareddau ymarferol. Fe'n hatgoffwyd hefyd am y cysur a gynigir gan y Gair, yn arbennig i'r rhai sydd 'mewn pair cystudd'.

Diolchwn hefyd i'r canlynol am eu cefnogaeth ac am ganiatáu i ni ddefnyddio deunydd a gyhoeddwyd eisoes: BBC Cymru; Eglwys Salem, Treganna, Caerdydd; Clwb Criced Morgannwg, Clwb Criced Aberystwyth, Clwb Criced Tal-y-Bont, Clwb Pêl-droed Abertawe, Clwb Pêl-droed Aberystwyth, *Y Cymro*, *Y Goleuad*, *Yr Angor*, *Cambrian News*, *Wales on Sunday*, *South Wales Echo*.

Diolch yn arbennig i Mary, Hywel ac Yvonne am eu diwydrwydd a'u cyfraniad enfawr gyda pharatoi'r deunydd ar gyfer cyhoeddi'r gyfrol.

Wedi marwolaeth Tomos, cyfrannwyd swm sylweddol i gronfa Ymchwil Leukaemia. Trosglwyddir cyfran o'r tâl ar gyfer y gyfrol, ac unrhyw elw o'r gwerthiant i Gronfa Tomos Owen Leukaemia Fund, gan hyderu y bydd ymchwil pellach o gymorth yn y dyfodol i gleifion leukaemia.

D Huw Owen

Preface

A number of Tomos's friends and colleagues suggested that a volume should be published in his memory, and Gwasg y Lolfa and several institutions and individuals readily co-operated in the venture.

Tomos distinguished himself on tennis courts, football fields and especially on cricket grounds, and had been a gifted sports producer with the BBC for ten years. He had enjoyed excellent health until July 2006 when he was diagnosed as suffering from leukaemia. Despite receiving many forms of treatment, and responding positively to the bone marrow transplant in March 2007, with a donation of cells by his brother Hywel, his health deteriorated at the end of the summer of 2008 and he died on 4 January 2009.

Following Tomos's death, innumerable messages were received from his friends and acquaintances, and many tributes appeared in the media, press and on websites. A very large congregation assembled at his funeral, held on 15 January 2009 at Salem, Canton, Cardiff, and his fine qualities were extolled in the addresses delivered at the service.

The volume has been arranged in three sections, consisting of a selection of tributes and messages presented in memory of Tomos, concentrating on his work as a sports producer; a collection of photographs illustrating various aspects of his life; and a collection of his writings, most of which were written during his illness. These include the perceptive observations in his weekly column 'Wythnos Gron', on the BBC Wales website Cymru'r Byd, from March to October 2008, which summarise the main sporting events of Welsh interest in this period. His review of the volume published following the death of his friend Ray Gravell appeared during the week after Tomos's death.

The greater part of this volume is in Welsh, Tomos's first language, but a selection of English-language material is also included, together with bilingual captions for the photographs, with the intention that Tomos's many non-Welsh-speaking friends and colleagues will also be able to appreciate the volume.

We wish to thank Gwasg y Lolfa for valuable assistance with the publishing arrangements, and for producing an attractive volume which is worthy of the person remembered. Garmon and Lefi Gruffudd, close friends of Tomos, were supportive from the outset, and provided valuable guidance. We also appreciate the support of the various contributors. We were able to contact most of them, but are confident that the others will not object to the publication of their comments. The majority of the tributes were confined to a selection of those provided by BBC Wales' colleagues and commentators. It was decided to omit the more personal messages conveyed by numerous others, including the many relatives and friends who contacted us, several of whom assisted us by practical actions which we treasure. We were also reminded of the comfort provided by the Word, especially to those who are in the 'furnace of affliction'.

We also wish to thank the following for their support and for allowing us to use previously published material: BBC Wales; Salem Church, Canton, Cardiff; Glamorgan Cricket; Aberystwyth Cricket Club; Tal-y-Bont Cricket Club; Swansea City Football Club; Aberystwyth Town Football Club; *Y Cymro*; *Y Goleuad*; *Yr Angor*; *Cambrian News*; *Wales on Sunday*; *South Wales Echo*.

Special thanks are due to Mary, Hywel and Yvonne for their diligence and immense contribution to the publication of the volume.

Following Tomos's death, a substantial sum was contributed to Leukaemia Research. Part of the purchase price of the volume, together with any sale profits, will be donated to Cronfa Tomos Owen Leukaemia Fund, in the hope that further research will be of assistance to leukaemia patients in the future.

D Huw Owen

BYWGRAFFIAD

'Cardiffian' oedd Tomos, er na chlywyd ef yn defnyddio'r term erioed! Fe'i ganed ar ddydd Gwener y Groglith, 8 Ebrill, 1977, yn fab i Huw a Mary ac yn frawd i Hywel.

Pan oedd yn rhai misoedd oed, byddai'n mynd bob pnawn Mawrth gyda'i frawd a'i fam o'u cartref yn Llandaf i Festri Capel y Crwys i fynychu Grŵp Mam a'i Phlentyn. Yn gynnar iawn datblygodd ddiddordeb mewn chwaraeon a cherddoriaeth! (Llun 1 a 2).

Yna, mynychodd Ysgol Feithrin Llandaf yng Nghanolfan yr Urdd, Heol Conwy, Caerdydd. Cafodd rhan gyntaf ei addysg gynradd yn Ysgol Coed y Gof, yr ysgol Gymraeg ar gyfer plant a oedd yn byw yn rhan orllewinol y ddinas (Llun 3 a 4).

Tom Evans (cyn-Brifathro Ysgol Coed y Gof):
Atgofion melys amdano ef a Hywel yn yr ysgol, a chithau fel rhieni mor gefnogol... Braint oedd ei adnabod.

Treuliodd flynyddoedd hapus yno, gan chwarae rhan amlwg yn llawer o weithgareddau'r ysgol, gan gynnwys Pasiant Plant Eisteddfod yr Urdd, Caerdydd 1985 yn Neuadd Dewi Sant a chael ei ddewis i fynd ar y rhaglen blant, *Gwrando a Gwneud*.

Teithiai i'r ysgol ac yn ôl i'w gartref ar y bws, ond ar bnawn Mawrth roedd y daith yn bellach, oherwydd âi, gyda nifer o'i ffrindiau ysgol, i Glwb Trwro (clwb Cristnogol ar gyfer plant ysgol gynradd) a gynhaliwyd yn Festri Capel Salem, Treganna. Yn y capel hwnnw y bedyddiwyd Tomos. Bu'n ffyddlon i'r Ysgol Sul ac i holl weithgareddau plant Salem, gan gynnwys Pasiant Griffith Jones a lwyfannwyd yn y Festri yn 1983 (Llun 5).

D. Haydn Thomas:

Mae cof byw gennyf o Tomos y plentyn. Fy mraint fel Gweinidog Salem, Canton, Caerdydd yr adeg honno oedd cael bedyddio Tomos a'i dderbyn i ofal yr eglwys. Roedd Hywel ac yntau, o oedran cynnar yn ffyddlon i'r Ysgol Sul ac yn dweud eu hadnodau yn rheolaidd. Cymerodd ran yng nghyfarfodydd plant Salem adeg Nadolig a Gŵyl Ddewi. Fy ngwraig Doreen a gafodd y fraint o'i ddysgu yn yr Ysgol Sul. Yr oedd yn fywiog iawn ac yn llawn direidi, yn fwy direidus na'i frawd Hywel. Cof gennym am y ddau ohonynt yn dod i hela calennig yn gyson y flwyddyn newydd gan gario ymlaen traddodiad y gorllewin. Yr oedd rhywbeth arbennig ynglŷn â Tomos, y crwtyn. Roedd yn fywiog iawn a oedd yn ennyn hoffter. Gellid gweld ar yr adeg honno fod dyfodol disglair o'i flaen. Gwelwyd gwireddu'r potensial yn ei fywyd byr. Cu iawn yw ein cof am Tomos.

Yn 1985 symudodd y teulu i fyw i Aberystwyth a chafodd Tomos y ddwy flynedd olaf o'i addysg gynradd yn Ysgol Gymraeg y dref honno. Sylwyd yn fuan gan yr athrawon ar ei wahanol ddoniau, yn enwedig ym myd chwaraeon a cherddoriaeth:

Audrey Evans:

Mae gennyf atgofion melys iawn am Tomos, a'i wên arhosol, pan oedd yn fy nosbarth yn Ysgol Gymraeg Aberystwyth. Cofiaf am ei wallt golau a'r cwrlyn dengar ar y blaen. Roedd ei wybodaeth am chwaraeon yr adeg honno yn anhygoel, a chafodd gyfle i weithio mewn maes oedd wrth fodd ei galon.

Cafodd y cyfle i gymryd rhan mewn nifer o weithgareddau a chyflwyniadau'r ysgol. Fe'i dewiswyd i un o'r prif rannau yng nghynhyrchiad Cwmni Tri, *Esgob*, yn Theatr y Werin yn 1988, ac mewn adolygiad o'r sioe gan Dyfrig Davies, yn y *Cambrian News* ar 8 Gorffennaf 1988, cyfeiriwyd at Theatr y Werin *'yn orlawn... Cynulleidfa yn ysu am y perfformiad... actorion dawnus... seren y perfformiad yn ddi-os oedd Tomos Owen. Dyma i chi fachgen ifanc â dawn naturiol a phresenoldeb ar lwyfan, yn llefaru yn rhwydd a chlir'*.

Ymaelododd y teulu yng Nghapel Y Tabernacl (yr eglwys lle magwyd ei fam) a bu eto, fel yn Salem, yn hynod ffyddlon i'r Ysgol Sul, gan eistedd arholiadau llafar ac ysgrifenedig yr Ysgolion Sul yn flynyddol (Llun 6).

J. Elwyn Jenkins, cyn-weinidog Eglwys Y Tabernacl, Aberystwyth:

Roedd gan aelodau Ysgol Sul Y Tabernacl, Aberystwyth ers lawer dydd feddwl uchel iawn o Tomos fel disgybl ffyddlon a bob amser yn gwrtais gyda'i hiwmor iach fel na ellir ei anghofio. Fel dywed y bardd am un tebyg: Yr hwn a feddo gof a fydd gaeth, Cyfaredd cof yw hiraeth.

Roedd Tomos yn rhodd arbennig fel un a harddodd ei dras a'i etifeddiaeth.

Hefyd, chwaraeodd bêl-droed mewn cystadlaethau i Ysgolion Sul, a chynrychiolodd dîm bechgyn Beth-seilun, Aberystwyth (Llun 7).

Pryderi Llwyd Jones, cyn-Weinidog Capel y Morfa, Aberystwyth:

Tomos; ei gynhesrwydd a'i gyfeillgarwch gyda phobl o bob oed; ei ffraethineb a'i hwyl; ei gariad mawr at chwaraeon, o'r enwog a'r llwyddiannus i'r distadl a'r anobeithiol; ei ffydd lawen ddi-lol a'i ffyddlondeb i eglwys a chyd-aelodau a bugail; ac wrth gwrs – ei gariad a'i werthfawrogiad o'i deulu.

Derbyniodd ei addysg uwchradd yn Ysgol Gyfun Penweddig (Llun 8). Roedd yn hoff o gerddoriaeth a bu'n chwarae'r drymiau ac offerynnau taro yng ngherddorfeydd yr ysgol a'r sir. Cafodd gyfle i deithio a chystadlu ar nifer o lwyfannau neuaddau enwog Cymru a Lloegr, gan gynnwys Neuadd y Brangwyn, Abertawe, y Festival Hall a'r Wembley Arena yn Llundain) fel aelod o Fandiau Pres Ieuenctid a Thref Aberystwyth (Llun 10).

ABERYSTWYTH SILVER BAND – ON THE ROAD TO WEMBLEY

All aboard – Aberystwyth Silver Band members played a stormer in their own Wembley cup final, but just failed to score with the judges

Yn ystod ei gyfnod yn yr Ysgol Gymraeg ac yn Ysgol Gyfun Penweddig, bu'n aelod o dimau pêl-droed (Llun 9).

Glyn Jones:

Cofiaf i mi gael fy mherswadio i reoli Tîm Pêl-droed Y Gwylltiaid Ysgol Penweddig o 1988 i 1995 tra oedd fy mab Rhodri yn mynd trwy'r Ysgol. Roedd chwaraewyr pêl-droed arbennig gennym yn y tîm, a Tomos Owen yn chwarae i'r amddiffyn ar y dde – a dyna i chwi chwaraewr chwim ac ysgafn ar ei draed ac wastad yn barod i redeg trwy'r gêm i fyny ac i lawr yr asgell dde. Taclwr glân a chadarn, a phleser oedd gweld ei dad a'i fam yno yn cefnogi bob amser. Wrth gymryd tafliad i mewn roedd Tomos wastad yn chwim ei feddwl ond wastad yn darganfod ei gyd-chwaraewyr. Tra oeddwn yn rheoli tîm yr Ysgol daeth Tomos atom i chwarae i Benrhyn-coch am sawl tymor gan wneud cyfraniad pwysig yn yr un safle, yn yr amddiffyn ar yr ochor dde. Oherwydd ei spîd roedd yn codi braw ar amddiffynwyr wrth fynd i fyny ac i lawr yr asgell dde. Chwaraewr glân, cadarn yn y dacl, chwim ac yn

15

ystwyth a byth yn cega ar neb, a natur mor ffeind, wastad gwên
ar ei wyneb ac wastad eisiau ennill. Pleser mawr a braint i mi
oedd cael ei adnabod a rhannu fy amser yn ei gwmni, ac ar ran
ei gyd-chwaraewyr a phawb oedd yn ei adnabod yn nhimau
Penweddig a Phenrhyn-coch mae'n bleser gennyf ysgrifennu'r
cyfraniad byr yma i goffáu y bachgen hoffus, Tomos Owen. Pan
oeddwn yn rheolwr gyda'r timau yma cofiaf yn glir i mi drefnu
i godi arian gyda Ian Botham a John Harries yn ei gadair olwyn
i Ymchwil Leukaemia.

Cafodd lwyddiant fel chwaraewr tennis, gan gynrychioli
Ceredigion ym mhencampwriaethau Dyfed. Disgleiriodd fel
cricedwr, gan chwarae'n gyson yn nhîm Ysgol Gyfun Penweddig
(Llun 11). Am flynyddoedd chwaraeodd i Glwb Criced
Aberystwyth, gan sgorio sawl cant i'w dîm, ac i Glwb Criced
Tal-y-bont a'r Black Lion, Llanbadarn yn y gynghrair canol
wythnos.

Enillodd wobr gyntaf y gystadleuaeth Sylwebydd y Flwyddyn
yn Eisteddfod Genedlaethol Yr Urdd, Dolgellau, 1994 (Llun 13).
Gan ystyried ei gysylltiadau teuluol, yr oedd yn addas i Tomos i
lwyddo mewn cystadleuaeth a gyflwynwyd yn 1989 yn Eisteddfod
Cwm Gwendraeth i goffáu Carwyn James a'i gyfraniad i fywyd
a diwylliant Cymru. Tra oedd yn yr ysgol ac yn ystod cyfnodau
gwyliau pan oedd yn fyfyriwr ym Mhrifysgol Caerdydd, bu'n
sylwebu ar Radio Ceredigion ar gêmau lleol pêl-droed a rygbi.
Roedd ganddo ddiddordeb mawr yn y byd darlledu ers yn
blentyn (Llun 12).

Pan ddaeth yr amser i adael yr ysgol a phenderfynu ar addysg
uwch, dymuniad Tomos oedd mynd yn ôl i Gaerdydd ac ymuno
â'i frawd Hywel, a oedd ar ei ail flwyddyn yn y brifysgol yno.
Astudiodd y Gymraeg, Hanes Cymru ac Almaeneg, gan sicrhau
gradd dosbarth cyntaf yn y Gymraeg (Llun 15). Pan oedd yn
fyfyriwr chwaraeodd griced i dimau yn y coleg, Clwb Criced
Aberystwyth a thimau eraill yng Nghaerdydd ac Aberystwyth
(Llun 16).

Er ceisio ei berswadio i ddilyn gradd uwc
ar wneud hynny. Rai wythnosau ar ôl graddi
apwyntiwyd i swydd ymchwilydd yn Adra
Cymru yng Nghaerdydd gan ddod yn gynh:
blynedd pan oedd ond yn 24 oed. Yr oedd
cynnwys cynhyrchu ar Radio Cymru y rhaglen chwaraeon *Camp*
Lawn ar brynhawn Sadwrn, a'r cwis *Cant y Cant*; ac ar Radio
Wales raglenni yn cynnwys sylwebaethau ar gêmau Clwb Criced
Morgannwg.

Bu Tomos ar staff y BBC am ddeng mlynedd gan fwynhau
ei waith beunyddiol oherwydd ei hoffter o chwaraeon. Roedd
yn iach, heini, llawn bywyd hyd nes i'r afiechyd creulon ei
daro yng Ngorffennaf 2006 (Llun 14). Syndod o'r mwyaf oedd
darganfod ei fod yn dioddef o'r clefyd leukaemia, yn enwedig
gan ei fod, yn yr wythnosau cyn hynny, wedi chwarae sawl gêm
o griced, a rhwyfo am y tro cyntaf erioed, mewn cystadleuaeth
a drefnwyd gan y BBC yng Nghlwb Rhwyfo Llandaf (Llun
27). Brwydrodd y salwch yn ddewr a chadarn ac er yr holl
driniaethau a'i wynebodd, cadwodd yn bositif (Llun 28). Pan
benderfynwyd bod angen trawsblaniad mêr yr esgyrn ym mis
Mawrth 2007, nid oedd unrhyw amheuaeth gan ei frawd, Hywel
i roi ei gelloedd i Tomos. Bu'n amser anodd a gorfod i Tomos
dreulio mis yn yr ysbyty, mewn ystafell ar ei ben ei hun, heb
ymwelwyr ond y teulu agosaf: yno y dathlodd ei ben-blwydd
yn 30 oed (Llun 30). Daeth y newyddion da fod y trawsblaniad
wedi bod yn llwyddiant ag hapusrwydd i Tomos, ei deulu a'i
holl ffrindiau. Bu'r flwyddyn ganlynol yn un o gryfhau ac yn
raddol dechreuodd ailafael yn ei waith a'i ddiddordebau (Llun
35). Sioc a siom, felly, oedd y dirywiad yn ei iechyd yn ystod haf
2008. Er hynny, ni chollodd ei obaith am wellhad. Parhaodd i
dderbyn yn ddewr y triniaethau niferus a gynigiwyd iddo gan
Ysbyty Athrofaol Cymru, Caerdydd, ac ni phallodd ei wên siriol
a oedd mor nodweddiadol ohono (Llun 36).

Gwelir ei eisiau yn fawr iawn ond melys yw'r atgofion.

TEYRNGEDAU

(GYDAG ADDASIADAU) A DRADDODWYD YN YR
ANGLADD, 15 IONAWR 2009 (gweler hefyd t.57)

Keith W Jones, Pennaeth Rhaglenni Cymraeg – *Head of Programmes*
(Welsh & New Media):

Os oes 'na un ymadrodd yn y Gymraeg sydd yn addas i ddisgrifio
agwedd Tomos tuag at ei waith, ac yn wir ei gymeriad, yna 'cant
y cant' ydi hwnnw. Dim ond y gorau oedd yn ddigon da ac yr
oedd Tomos yn un o'r goreuon. Ychydig dros ddeng mlynedd
sydd ers iddo ddechrau ar ei swydd gyntaf yn syth o'r coleg fel
Ymchwilydd yn Adran Chwaraeon BBC Cymru. Roedd ei dalent
yn amlwg yn gynnar iawn ac ymhen tair blynedd roedd wedi'i
benodi'n Gynhyrchydd.

Wrth wneud penodiadau o'r fath mae'r Adran yn chwilio
am ddyfeisgarwch, creadigrwydd, ymroddiad, pendantrwydd,
amynedd, hiwmor a'r gallu i ymwneud â phob math o wahanol
bobol. Neu, o leiaf, gyfuniad o rai o'r nodweddion hynny.

Peth prin iawn oedd cael y rhinweddau yna i gyd mewn un
person ac yn sicr mewn person mor ifanc. Ond dyna sut un oedd
Tomos. Ac roedd y briodas rhyngddo â'i swydd yn un berffaith
yn 'doedd. Ei hobi oedd ei waith a'i waith oedd ei hobi.

Ar ben hynny, roedd ei ymroddiad i ddarlledu yn y Gymraeg
yn ganolog i'w yrfa. Roedd yn benderfynol fod y gynulleidfa
Gymraeg yn cael y gwasanaeth chwaraeon gorau posibl ar Radio
Cymru – ac fe gawson nhw hynny. Ar brynhawn Sadyrnau doedd
y gwrandawyr yn colli dim.

A'r hiwmor? Wel ar ei gwis chwaraeon *Cant y Cant* roedd
Tomos yn gwybod yn iawn y byddai ambell destun neu gwestiwn
yn arwain at dynnu coes didrugaredd rhwng y panelwyr a'r
cadeirydd – am steil gwallt Ian Gwyn Hughes neu daldra Huw

Llywelyn Davies. Mae'n ddigon hawdd gweld y wên ddireidus y tu ôl i'r rhaglenni hynny.

A gwaith y tu ôl i'r llenni ydi gwaith cynhyrchydd a doedd Tomos ddim eisiau bod yn geffyl blaen. Ei ddawn oedd llywio'r rhaglenni a rhoi arweiniad i'r cyfranwyr. Pob un â pharch aruthrol at ei broffesiynoldeb tawel. Chlywais i erioed am yr un gair drwg rhwng Tomos a neb arall na chan neb amdano yntau. Roedd ei bersonoliaeth hynaws yn glod aruthrol i'w rieni ac i'w fagwraeth. Fe fydd y teulu yn gweld colled enfawr ar ei ôl. Felly hefyd ei gyfeillion a'i gyd-weithwyr yn yr Adran Chwaraeon ac yn wir gwasanaeth Radio Cymru.

Mae deng mlynedd yn amser rhy fyr o lawer. Ond yn y cyfnod byr hwnnw fe wnaeth Tomos gyfraniad y tu hwnt i'r gofyn i BBC Cymru. Cyfrwng geiriau ydi radio ac i berson unigryw, dim ond un gair sydd ar ôl. Diolch Tomos.

Yvonne Evans:

Y tro cyntaf i mi gwrdd â Tomos oedd pan oedd y ddau ohonom ni yn astudio y Gymraeg ym Mhrifysgol Caerdydd. Fi'n cofio Tomos yn fyfyriwr cydwybodol, yn wahanol iawn i finne! Ac atgof Tomos ohona i oedd fy ngweld yn cyrraedd y darlithoedd rhyw bum munud yn hwyr a hynny bob tro â rucksack Nike lliw du ac oren llachar ar fy nghefn!

Flynyddoedd yn ddiweddarach, wedi i ni raddio ac wrth weithio i'r BBC a chwarae rygbi cyffwrdd, des i'w nabod yn well. Roedd y ddau ohonom ni yn chwarae i dîm Y Bîb ac oherwydd ro'dd e'n rhedeg mor gloi ar y cae ro'n i'n aml yn ei alw'n Milgi ac yn canu'r gân 'Milgi Milgi' wrth iddo groesi'r llinell a sgori cais! Fel ry'n ni'n gwbod, person diymhongar iawn oedd Tomos, ond yn gyfrinachol fi'n meddwl o'dd e'n hapus iawn â'r llysenw hynny! Yn ystod gêm arbennig wnes i ddechrau teimlo rhyw atyniad clos at Tomos, a hynny yn dilyn dadl a gafon ni. Doedd Tomos ddim wedi pasio'r bêl i mi er o'n i wedi gweiddi arno i wneud, ac felly fe gollon ni y meddiant a dyma fi'n dweud y drefn wrtho fe yn syth. Yr eiliad honno dyma Tomos yn taflu'r bêl i'r llawr ac ynte'n dweud y drefn yn ôl, chwarae teg iddo do'dd e ddim am gymryd unrhyw nonsens ac felly o hynny ymlaen fe dyfodd yr apêl yn gryf at Titw Tomos. Mawr yw fy nyled i rygbi cyffwrdd! (Llun 21)

Roedd gan Tomos ddiddordeb mawr mewn nifer iawn o bethau o lenyddiaeth a barddoniaeth, i gerddoriaeth, ac yn bennaf oll, chwaraeon. Roedd hyn yn amlwg iawn pan es i a fe a rhai o fy ffrindiau mas i ddathlu fy mhen-blwydd rhyw dair blynedd yn ôl. Doedd hi ddim yn noson hir mas yn y tafarndai oherwydd roedd Tomos wedi llwyddo i'n perswadio ei bod hi'n syniad da mynd adref i wylio gornest Joe Calzaghe yn erbyn Jeff Lacy. Ges i a fy ffrindiau lot o hwyl yn gwylio Tomos yn neidio o gwmpas yr stafell fel Enzo Calzaghe yr ail, yn gweiddi ar y sgrin fach "C'mon Joe!" Mae 'na lot o sôn am *multi-tasking* yn y gwaith y dyddie hyn, wel o'dd Tomos wedi bod yn gwneud hyn cyn i'r term weld gole dydd mewn unrhyw eiriadur oherwydd wrth wylio Joe yn bocsio ar y teledu ro'dd Tomos gyda *ear-piece* yn ei glust yn gwrando ar sylwebaeth John Ifans ar Radio Cymru! A bob hyn a hyn se fe'n dweud, "O, ma John newydd ddweud perl arall – ffantastig!"

O'n i wrth fy modd gyda hiwmor ffraeth Tomos, ro'dd ei atebion byr i'r pwynt wastad yn fy ngwneud i chwerthin. Dim ond cwta bythefnos yn ôl yn ystod ei waeledd ro'dd e'n derbyn llawer iawn o gyffuriau i reoli ei boen, fe gafodd e *'gas and air'* fel rhywbeth ychwanegol a dyma fi'n gofyn iddo, "Shwd a'th y *'gas and air?'*" a'i ateb oedd, "O, yn dda, ond daeth y babi ddim!"

Amser hyn y llynedd ro'n i a fy nheulu wedi mynd ar wyliau i'r India a chyfrifoldeb Tomos, tra o'n i i ffwrdd, o'dd edrych ar ôl fy nhŷ ac anfon newyddion o Gymru. Dyma oedd un o'r negeseuon cyntaf ges i: "Shwmai! Diolch am y neges ddoe. Falch clywed bod popeth yn mynd yn dda. Tywydd diflas yma. Dim *news* ar wahân fod Roy Noble wedi siafo'i farf. Pob hwyl." Ro'dd Tomos wastad â'i fys ar y pwls! Tra o'n i yn yr India doedd dim angen i mi wylio bwletinau chwaraeon y BBC na Sky Sports News chwaith achos o'dd Tomos Owen Sports News ar gael! Dyma oedd y negeseuon:

Bwletin 1: Cymro o Ddinbych 'di ennill Pencampwriaeth Darts y Byd neithiwr! Ryan Jones capten newydd Cymru a Martyn Williams 'nôl yng ngharfan Cymru wedi iddo ymddeol!

Bwletin 2: Dwayne Peel i ymuno â Sale tymor nesa – dim mwy o rub downs 'da Dennis! (mae Dennis, ei dad, yn ffisiotherapydd)

Bwletin 3: Abertawe – colli. Sioc!

Doedd dim angen dibynnu ar Google, defnyddio geiriadur Bruce na chwaith bori yn *Y Gwyddoniadur* achos ro'dd Tomos ar gael, yn barod gyda'i holl wybodaeth angenrheidiol.

Yn anffodus, does ganddom ni ddim rheolaeth dros lawer iawn o bethau sydd yn digwydd yn ein bywyd. Mae'n arwyr chwaraeon yn cael amser i baratoi am yr hyn sydd o'u blaen nhw ond i'r arwyr go iawn sydd yn wynebu salwch difrifol does dim amser i baratoi ac fel ro'dd Tomos yn ei ddweud, roedd yn rhaid cario ymlaen, "Get on with it". Roedd y ffordd y gwnaeth Tomos ymdopi gyda'i salwch yn dystiolaeth i'r fath o gymeriad oedd e. Fe darodd y salwch yn sydyn ofnadwy, a hynny ddwy flynedd a hanner yn ôl. Wedi iddo ddweud wrtha i beth oedd yn bod fe wedodd yn ei ffordd llawn ysbrydoliaeth "Don't panic!" Ro'dd Tomos yn dweud hynny'n aml ac er gwaethaf ei waeledd ro'dd e hyd yn oed yn gallu ffeindio'r geiriau yma a dweud "Alle pethe fod yn waeth". O fewn diwrnod ar ôl y diagnosis gorfu i Tomos symud i'r Uned Gofal Dwys ac wrth iddo gael ei ddargludo yn ei wely ro'dd yr *ear-piece* yn ei glust unwaith eto, ond y tro hwn roedd e'n gwrando ar Edward Bevan yn sylwebu ar gêm griced Morgannwg. Dw i'n cofio fe'n dweud, "Wel wnewch chi fyth credu beth sydd newydd ddigwydd ar Erddi Soffia?! Mae Edward Bevan yn ei chanol hi...! Mae'r bêl newydd dorri ffenestr y bocs sylwebwyr! O druan ag Edward". Dyma oedd ysbryd Tomos wrth iddo wynebu noson anodd ac ansicr iawn – ysbrydoliaeth oedd yn rhoi nerth i mi a'i deulu. Roedd ei ymddygiad o normalrwydd ac o gryfder fel gweld enfys yng nghanol storom.

Daeth yr amser iddo orfod cael trawsblaniad mêr yr esgyrn. Gwnaeth ei frawd Hywel ddangos yr arwydd mwyaf o gariad a allai unrhyw frawd ei roi, drwy roi ei gelloedd mêr esgyrn ei hun iddo. Y noson cyn i Tomos fynd i mewn i'r ysbyty roedd yn chwarae gêmau bwrdd ac yn ennill bob tro. Roedd yr elfen gystadleuol yn dal yno mae'n dda gen i ddweud, roedd e'n chwerthin ac yn llawn hwyl. Dw i'n cofio meddwl y noson honno, "Wow mae'r boi ma yn amazing", doedd e ddim yn dangos unrhyw arwydd o amheuaeth nac o anobaith. Unwaith eto, ro'dd y *motto* "Don't panic and get on with it" yn dod i'r cof. Treuliodd ei ben-blwydd yn 30 oed mewn stafell arbenigol ond er hynny doedd hyn ddim yn amharu iddo fwynhau ei ben-blwydd a'i anrhegion. Roedd ei wên ddewr yn dweud y cyfan a'i chwerthin direidus pan welodd e fi'n cerdded i fewn mewn gwisg *Fairy Godmother* pinc gydag adenydd mawr *sequins* a ffon hud *glitzy*! Druan â Tomos yn gorfod diodde nyter yn ei fywyd hefyd!

Yn ystod y misoedd diwethaf, ac er gwaethaf ei gyflwr roedd yn sgrifennu tudalen chwaraeon wythnosol ar wefan BBC Cymru'r Byd, yn sgrifennu adolygiadau llyfrau ac efallai nad ydych yn gwybod hyn, ond fe gafodd yr ail wobr yng nghystadleuaeth sgrifennu ysgrif ar unrhyw agwedd o fyd chwaraeon yn Eisteddfod Genedlaethol Caerdydd a'r Cylch y llynedd. Roedd yn mwynhau pob agwedd o'r Eisteddfod. Roedd ganddo'r ddawn i sgrifennu'n greadigol ac roedd hynny wedi ei sbarduno yn fwy wrth iddo geisio dygymod â'r ffaith bod maes yr Eisteddfod am gael blaenoriaeth dros y meysydd criced ar Gaeau Pontcanna – rhywbeth oedd yn destun *delicate* a dweud y lleiaf! Rhinwedd arbennig arall o'dd ganddo o'dd ei natur ddiolchgar am bopeth. Roedd bob tro yn hynod o ddiolchgar am y gofal a'r cariad roedd ei rieni a'i frawd yn ei roi, yn gwerthfawrogi pob math o gyfarchion gan ei ffrindiau, boed ar y ffôn neu decst ac roedd wastad yn dangos diddordeb yn yr hyn roedd pobl eraill yn ei wneud er gwaethaf ei gyflwr ef ar y pryd. Un o'r pethau o'dd yn ei drysori oedd y cap a gyflwynwyd iddo gan Clive Rowlands ar ei drip cyntaf i gynhyrchu darllediad byw o'r Chwe Gwlad.

Mae hyn yn draddodiad i bawb sydd yn mynd ar ei drip cyntaf. Cafodd Tomos y seremoni yn yr Alban yn 2000, ac mae'r cap hwnnw yn parhau i fod mewn lle pwysig yn ei gartref.

Tan yn ddiweddar, roedd e'n dechrau mwynhau iechyd da unwaith eto ond yn anffodus cafodd ei daro gan sgîl-effeithiau difrifol. Roedd yn anhygoel y ffordd roedd yn dioddef yn ddiffws. Dim unwaith wnaeth e ofyn "Pam fi?", dim unwaith o'dd e'n flin gyda'r sefyllfa a dim unwaith wnaeth e ildio. Roedd ei ysbryd yr un mor gadarn a di-gŵyn ag erioed. Yn ystod y dyddiau diwethaf yn yr ysbyty roedd yn gwneud yn sicr fy mod yn troi'r teledu ymlaen i wylio'r Scarlets yn chwarae. Roedd yn darllen y papur newydd o glawr i glawr ac yng nghanol cymryd ei feddyginiaethau dyma fe'n ochneidio a dweud wrtha i "Hei mae Camp Lawn mla'n nawr – tro fe mla'n plîs... tro fe'n uwch!" D'odd dim byd yn mynd heibio Tomos! Ac hyd yn oed yn ystod ei waeledd roedd yn parhau i roi pobl eraill yn gyntaf, daeth hi'n amser i'w symud i stafell fwy preifat yn yr ysbyty a dyma oedd ei ymateb i'r meddyg, "Syniad da, oherwydd dyw hi ddim yn deg fy mod yn distyrbio'r cleifion eraill pan dw i mewn poen". Un caredig tu hwnt i eiriau o'dd Tomos, un a oedd yn gynnyrch ei deulu.

Dw i yn cyfri fy hun yn hynod o lwcus, fel chi i gyd, o fod wedi gallu nabod rhywun mor arbennig.

Tomos yr arwr fydd e am byth, a byw o hyd fydd ei enaid prin (Lluniau 31, 32, 33, 34).

T Evan Morgan, Gweinidog Eglwys Salem, Treganna, Caerdydd:
Braint oedd adnabod Tomos. Cefais yr anrhydedd o fod yn weinidog arno, ac fe ddaeth yn gyfaill agos i mi, ac roedd hynny'n gyfoeth ac yn drysor ynddo'i hun. Roedd yn gyfaill triw a theyrngar. Er ei holl allu, roedd Tomos yn gymeriad mor hoffus, mor agos-atoch, a'i ffordd mor dawel a diymhongar. Byddem i gyd yn dyst i'w hiwmor ffantastic, bydd perlau yn aros yn y cof am hir. Gallai ddadansoddi sefyllfa i'r dim, gan fod yn arbenigwr ar dynnu coes!

Roedd bob amser mor ddiolchgar am bob peth, ac o hyd yn llawn consýrn am eraill. Roedd ei ffydd a'i gapel yn bwysig iddo, a bu'n aelod hynod o werthfawr, gan gyfrannu at gymaint o weithgareddau – yr oedfaon, y cyfarfodydd cymdeithasol, ac wrth gwrs, tîm Criced Salem! (Llun 20). Roedd yn gricedwr amryddawn, ac er mor dalentog, chwarae i'r tîm oedd bwysicaf iddo. Gwelwyd yr un ymroddiad a chadernid yn y modd a wynebodd ei salwch.

Fe lwyddodd, mewn bywyd rhy fyr, i gyflawni cymaint. Chwaraeon oedd ei fywyd – yn waith ac yn ddiddordeb iddo. Nid oedd angen mynd ar Google, ond yn syml, codi'r ffôn neu decstio Tomos am eglurhad am unrhyw dîm neu chwaraewr, mor graff a helaeth ei wybodaeth.

Bu'r gofal a gafodd gan ei deulu yn arbennig. Mae'r golled i gylch eang o ffrindiau'n fawr, ond mae colled y teulu gymaint yn fwy. Un peth sy'n sicr, bydd Tomos a'r atgofion yn aros am byth.

TEYRNGED A YMDDANGOSODD AR WEFAN ADRAN CHWARAEON, BBC CYMRU, 9 IONAWR 2009, A'R YMATEB IDDI

Darlledwyd teyrngedau gan Huw Llywelyn Davies a Gwyn Jones yn ystod eu sylwebaeth o'r gêm rygbi, Leinster v. Gleision Caerdydd, 10 Ionawr, 2009

TEYRNGED I TOMOS OWEN

Y Sul diwethaf bu farw Tomos Owen, cynhyrchydd rhaglen *Camp Lawn* BBC Radio Cymru ac a fu yn fwy diweddar yn golofnydd yr 'Wythnos Gron' ar y safle hwn.

Yma, mae Huw Llywelyn Davies a Dylan Ebenezer yn adlewyrchu'r golled enfawr sydd i'w theimlo gan aelodau Adran Chwaraeon BBC Cymru.

Gan Huw Llywelyn Davies

Ym mis Awst 1998 y cwrddon ni gynta. Fe gerddodd y crwt 'ma mewn i'r Adran Chwaraeon yn Llandaf. Roedd e'n edrych mor ifanc, yn ddigon ifanc bron i fod yn dal yn yr ysgol, ond arwydd o'm henaint i oedd hynny mae'n siŵr! Cyflwynodd ei hunan. Tomos Owen – newydd raddio gydag anrhydedd dosbarth cynta yn y Gymraeg yn y Brifysgol yng Nghaerdydd, ac yn gynnar wedi gwireddu breuddwyd wrth gael ei benodi i swydd ymchwilydd yn yr Adran Chwaraeon yn syth o'r coleg. Gweithio yn y byd chwaraeon fu ei uchelgais erioed.

Gŵr ifanc cwrtais a bonheddig. Dyna'r argraff gynta, a newidiodd mo'r argraff honno o gwbwl mewn deng mlynedd o gydweithio hapus gydag e. Ond yn gynnar, fe sylweddolwyd bod llawer mwy na hynny i Tomos.

Dyma dalent ifanc oedd yn sicr o fod yn gaffaeliad gwerthfawr i'r Adran ac i'r Gorfforaeth yn gyffredinol. Yn dawel, yn broffesiynol ac yn drylwyr ddi-ffws yn ei waith. O ran natur yn ddiymhongar, ond â gwên chwareus a hiwmor direidus fyddai bob amser yn ei gwneud hi'n bleser i fod yn ei gwmni.

Mewn degawd o rannu swyddfa, fe alla i ddweud â'm llaw ar fy nghalon na chlywais i erioed neb â gair drwg i'w ddweud am Tomos, ac mae hynny'n adrodd cyfrole mewn byd mor gystadleuol.

Fe gafodd ei ddawn ei chydnabod yn gynnar. O fewn tair blynedd, fe'i dyrchafwyd yn Gynhyrchydd o fewn yr Adran gyda gofal penodol am y gwasanaeth chwaraeon yn y Gymraeg ar Radio Cymru, ac ynte ond pedair ar hugain oed ar y pryd – cyfrifoldeb aruthrol i un mor ifanc.

Ond roedd Tomos yn rhyfeddol o aeddfed am ei oedran, a finne fel pawb arall yn llawn edmygedd ohono wrth iddo ymroi yn llwyr a llwyddiannus i'r swydd. Roeddwn i hefyd yn ei barchu'n fawr am fod mor driw i'r Gymraeg, bob amser yn ceisio'i ore glas i sicrhau safon a chydraddoldeb i'r iaith o fewn yr Adran, tasg allai ymddangos yn ddigon diddiolch ar brydie.

Roedd y cynnyrch a ddoi o stabal Tomos wastad yn raenus

a safonol, ac fe ges i sbort aruthrol yn cydweithio gydag e ar y cwis chwaraeon ysgafn *Cant y Cant* ar Radio Cymru, lle'r oedd ei wybodaeth anhygoel o fyd y campe, ei ddyfeisgarwch a'i hiwmor wrth osod y tasgau yn cyfuno i blethu hanner awr oedd yn gyfuniad hyfryd o hwyl a holi, difyrru a dyfalu. Cyfraniad Tomos, heb os, oedd yn gyfrifol am boblogrwydd y rhaglen, gydag ambell fflach falle gan y panelwyr!

Bu Tomos yn ffodus o'i fagwraeth. Aelwyd ddiwylliedig Gymraeg; teulu'r capel, teulu o egwyddorion cryf a safonau pendant – rhinweddau oedd yn amlwg yn ei bersonoliaeth e ar hyd ei fywyd.Yng Nghaerdydd y cafodd ei addysg gynnar yn Ysgol Gynradd Gymraeg Coed y Gof, cyn iddo symud gyda'r teulu yn wyth oed i Aberystwyth pan dderbyniodd ei dad swydd bwysig yn y Llyfrgell Genedlaethol.

Yn Ysgol Penweddig, disgleiriodd yn academaidd, a blodeuodd ar y meysydd chware. Gwrthwynebydd go ffyrnig yn ôl y sôn ar y cae pêl-droed – rhywfaint o syndod falle i un o natur mor ffeind.

Ond ei gariad cynta heb os oedd criced. Yn fatiwr o fri, gan gyrraedd y cant droeon pan ddychwelai i agor y batio dros Aber rai blynyddoedd yn ddiweddarach, blynyddoedd pan y bydde timoedd Capel Salem a Chlwb Ifor Bach yn elwa hefyd o'i ddawn arbennig mas yn y canol.

Ond yn ei arddegau roedd ganddo ddiddordeb mawr arall hefyd, a llawer llai ohonon ni'n ymwybodol o hynny! Roedd e'n gerddor o fri – yn pwno'r drwm a seinio'r symbalau gydag egni a brwdfrydedd yng Ngherddorfa Ieuenctid Ceredigion. Fe fentrodd e i'r byd canu pop hyd yn oed am gyfnod byr. Ond ddaeth dim byd o hynny. Rywsut, nid dyna Tomos!

Ond bellach, er mawr dristwch i bawb, daeth taw ar ei holl weithgarwch. Yn orie mân fore Sul, 4ydd o Ionawr y daeth y newydd torcalonnus fod Tomos wedi colli ei frwydr hir a chaled yn erbyn leukaemia, brwydr yr ymladdodd e gyda chymaint o urddas a dewrder hyd at y diwedd, heb golli'r wên, hyd yn oed yng nghanol ei boen a'i bryder.

Heddi, o barch i Tomos, mae'r faner y tu fas i'r Ganolfan Ddarlledu yn Llandaf yn cyhwfan ar hanner mast. Yr wythnos nesa, bydd y faner honno 'nôl yn ei lle cyfarwydd yn chwifio ar frig y polyn. Ond rywsut, rwy'n synhwyro na fydd pethe fyth eto 'nôl cweit fel roedden nhw y tu fewn i'r adeilad.

Ry'n ni i gyd wedi colli cyfaill a chyd-weithiwr annwyl iawn. Byr, creulon o fyr, fu ei fywyd, ond yn sicr fe wnaeth ei farc.

Tomos, fe fyddwn ni i gyd yn gweld dy eisie di'n fawr. (Lluniau 22 a 23)

Gan Dylan Ebenezer

Ma 'na ambell alwad ffôn bydd yn aros gyda mi am byth.

"Helô, Tomos sydd 'ma." Doedd dim angen iddo ddweud pwy oedd yn ffonio – roedd yr helô hir ar y dechrau yn ddigon i mi wybod yn syth mai Tomos Owen, Cynhyrchydd yn Adran Chwaraeon BBC Cymru oedd yno. Roedd ganddo gwestiwn, wel dau i ddweud y gwir. A fydde diddordeb gen i gyflwyno *Camp Lawn* ar Radio Cymru? Bydde glei! A'r ail gwestiwn: "Wyt ti'n nabod Eleri Siôn?" 'Na' oedd yr ateb syml – ond newidiodd hynny'n gyflym iawn.

Roedd angen cael *screen test* cyn cadarnhau mai ni fydde'r cyflwynwyr newydd, felly dyma ni'n tri yn cwrdd mewn rhyw gwpwrdd yn y BBC – sydd hefyd yn dyblu fel stiwdio o bryd i'w gilydd. Dw i'n siŵr y bydd Eleri yn maddau i mi am gyfadde bod dim lot o siâp arnon ni ar y prynhawn cynta hwnnw. Fi a hi yn baglu a rhegi'n ffordd drwy ryw sgript – a Tomos yn cochi ac yn chwerthin yn y gornel. Ond wrth gwrs, erbyn iddo gael gafael a golygu'r deunydd crai mi fydde wedi llwyddo i droi 20 munud o ddwli yn gampwaith – yn Gamp Lawn-waith.

A dyna sefydlu patrwm o weithio a fydde'n ein cadw ni i fynd yn braf am flynyddoedd. Fel alarch ben i waered – er mai Eleri a fi oedd ar yr wyneb, ein coesau ni fydde'n cicio'n wyllt, gyda Tomos yn cadw popeth i fynd yn urddasol yn y cefndir. Ac ma'r gair urddasol yn bwysig. Mae lot fawr o bobol swnllyd yn gweithio yn yr Adran Chwaraeon – a dw i'n cynnwys fy hun yn y gosodiad yna! Pawb eisiau dangos ei hun, yn cystadlu i ddangos eu clyfrwch. Ond bydde Tomos ddim yn ymuno yn y brolio – roedd e'n brysur yn ei gornel yn trefnu, cynhyrchu a sicrhau bod popeth yn ei le ar gyfer ei raglenni. Dim ffws, dim ffwdan – just Tomos. A hyd yn oed yng nghanol y salwch creulon doedd dim ffws na ffwdan. Dim cwyno chwaith. Er gwaetha'r ffaith bod rhaid i'r gŵr ifanc heini yma fodloni ar wylio yn hytrach nag ymuno yn hwyl gêm o bêl-droed neu griced.

Ddechrau'r flwyddyn mi gefais alwad ffôn arall a fydd yn aros gyda mi am byth. Galwad yn dweud bod Tomos wedi colli ei frwydr fawr yn erbyn ei salwch. Ma'r sioc a'r golled i bawb yn yr Adran Chwaraeon yn anferth – ond dyw hynny yn ddim o'i gymharu â'r golled enfawr i'w deulu. Teulu sydd wedi ymddwyn yn union fel y mab trwy gydol y cyfan – gydag urddas anhygoel.

Does dim digon o le ar yr holl we i dalu teyrnged lawn. Felly ma'n rhaid dod i ben – ma'r dagrau'n disgyn eto – a ta beth, bydde Tomos ddim eisiau ffws.

[Traddodwyd teyrnged i Tomos gan Dylan Ebenezer ac Eleri Siôn ar Camp Lawn, *Radio Cymru, 9 Ionawr 2008]*

Cyflwynwyd yr ymatebion canlynol i'r teyrngedau:

Huw Meredydd Roberts, Pontypridd:

Gŵr bonheddig a diffuant, a pherson arbennig iawn. Doedd dim byd yn ormod i ofyn i Tomos. Roedd o wastad yn barod i helpu a chyfrannu, ac yn gwneud hynny o hyd gydag arddeliad a brwdfrydedd diflino. Bu'n bleser i gydweithio gyda Tomos yn Radio Cymru, a byddwn yn ei golli yn fawr.

Dilwyn Jones:

Cofio'r siom o glywed am y tro cyntaf am salwch enbyd Tomos, ac y mae'r tristwch a'r hiraeth o'i golli yn enfawr. Cefais y fraint o gael dod i'w adnabod drwy'r rhaglen *Camp Lawn*, ac roedd ymateb i ofynion y Cynhyrchydd ifanc a thalentog yn bleser pur bob amser. Gallaf innau hefyd dystio i fod wedi elwa gymaint o fod wedi nabod Tomos.

28

Hywel James – Clwb Criced Clwb Ifor Bach:

Buaswn yn cymeradwyo'r sylwadau a wnaethpwyd am gymeriad diymhongar Tomos. Cefais y fraint o agor y batio gyda Tomos ar ran Clwb Ifor Bach. Teg dweud bod ei gyfraniadau e'n llawer mwy sylweddol. Batiwr naturiol a adeiladai sgôr uchel wrth fatio yr un mor ddiffwdan â sut y deliodd gyda bywyd o ddydd i ddydd. Wnaeth e erioed wylltio gyda fy ngalwadau ar gyfer rhediad. Yr unig dro i mi weld ychydig o golli amynedd oedd mewn gêm ddiwedd tymor. Y gwrthwynebwyr yn gorfod ein curo a sicrhau pwyntiau bonws llawn. Nhw wnaeth fatio gyntaf gan sicrhau sgôr ymhell o'n cyrraedd. Roedd rhaid iddynt ein bowlio i gyd allan er mwyn sicrhau'r bencampwriaeth. Minnau a Tomos yn cychwyn batio mewn modd arferol. Ar ôl tair pelawd o apelio hurt, ac ambell sylw sarhaus gan ein gwrthwynebwyr, dyma Tomos yn camu lawr y llain ataf a datgan yn dawel ond penderfynol "Beth am i ni jyst aros." A dyna a fu, gyda'r gwrthwynebwyr yn gwylltio'n fwy wrth i ni chwarae pob pêl mewn modd amddiffynnol. Tomos ar y diwedd yn gwenu'n ddireidus. Chwith meddwl na fyddwn yn ei weld allan ar y canol eto! Colled fawr i'w deulu, cyd-weithwyr a ffrindiau.

Derec Llwyd Morgan:

Y mae rhai pobl y bydd dyn yn edrych amdanyn nhw bob tro y bydd yn mynd i wylied criced, boed yn San Helen neu yng Nghaerdydd, am y rheswm syml eu bod yn rhannu gydag ef gariad mawr at y gamp a chariad mawr at Forgannwg. Gyda'i dad a'i frawd y gwelais i Tomos ar San Helen y tro cyntaf – adnabod y tad drwy ei waith a dod i led nabod y bechgyn drwyddo fe. Byddai brwdfrydedd Tomos yn amlwg, yn amlwg drwy ei wyleidd-dra, sy'n beth od i'w ddweud, ond fel hynny yr oedd hi. Gan mor wylaidd ydoedd, ni wyddwn i am ei fedr aruthrol fel batiwr a maeswr tan imi ddarllen y teyrngedau iddo. Colled enbyd yw colli gŵr mor dalentog a hyfryd.

Robin Hughes (Caerdydd):

Diolch am y ddwy deyrnged hyfryd i Tomos. Cefais i y pleser o chwarae criced gyda Tomos i Glwb Ifor Bach yng Nghynghrair Canol Wythnos Caerdydd am flynyddoedd. Roedd e bob amser yn gwrtais ac yn hollol ddibynadwy. Er ei fod yn berson hynod ddiymhongar, unwaith roedd e'n camu i'r maes roedd ei ddoniau fel cricedwr a'i natur gystadleuol yn dod i'r amlwg. Roedden ni'n chwerthin llawer hefyd yn ei gwmni yn aml wrth drafod cyflafan fatio diweddaraf tîm criced Lloegr ac wrth faesu byddai Tomos yn tynnu coes unrhyw fatiwr oedd yn cymryd ei hun ychydig bach gormod o ddifri, neu ddyfarnwr oedd wedi gwneud penderfyniad amheus. Byddwn ni fel tîm yn teimlo colled aruthrol ar ôl Tomos ond bydd pob un ohonom ni hefyd wedi elwa o'i adnabod a'i gyfri'n ffrind.

Iwan Roberts – Clwb Criced Aberystwyth:

Trist iawn oedd clywed am golled Tomos ar ddechrau'r flwyddyn. Des i ar draws Tomos gyntaf yn nhîm criced Ysgol Penweddig a gafodd ei redeg gan yr athro Huw Chambers, ac ers iddo symud ymlaen i Gaerdydd roedd Tomos yn aelod cryf a ffyddlon o dîm criced a chlwb Aberystwyth am flynyddoedd. Fel capten roedd hi wastad yn bleser i ffonio Tomos i ofyn a fydde fe ar gael i ware mewn gêm fawr dydd Sadwrn, a'r un fydde'r ateb bob tro, "Ie iawn, edrych ymlaen", gallwch chi wastad ddibynnu ar Tomos. Roedd hi hefyd yn fraint ware ar yr un cae â Tomos, roedd hi'n fwy o fraint cael batio gydag e ar sawl achlysur a chael siarad Cymraeg ar ddiwedd yr over yn enwedig pan oeddwn i yn ware yn erbyn timau o Loegr nad oedd ganddyn nhw syniad beth oeddwn ni yn gweud wrth ein gilydd. Roedd Tomos yn fatiwr dawnus iawn ac yn gyflym ar ei draed, roedd hi'n anodd iawn cadw lan gydag e! Yn ogystal â'i fatio roedd Tomos yn faeswr heb ei ail, a bydde Tomos yn arbed o leiaf ugain o rediadau yn y maes bob tro i'w dîm. Colled mawr iawn fydd o, ond yn sicr ni fydd ei enw yn cael ei anghofio yng Nghlwb Criced Aberystwyth.

Dylan Elis (Minffordd):

Doeddwn i ddim yn disgwyl yr alwad ffôn pan ddaeth y newyddion trist am Tomos. Hollol annheg, meddyliais, fod bywyd person mor ifanc wedi cael ei ddirwyn i ben mor sydyn – doedd Tomos ddim yn haeddu hyn. Hogyn tawel, gweithgar, hapus wrth ei waith, yn gwneud popeth yn drylwyr a chywir bob tro. Roedd y ddawn ganddo, am hogyn ifanc, i godi calon gydag ychydig o eiriau a hynny i gyd mewn llais tawel. Roedd fy nyled yn enfawr iddo wrth i mi droedio caeau pêl-droed i adrodd ar hanes Cynghreiriau Cymru. Dysgais gymaint mewn cyfnod mor fyr – a hynny gan berson oedd dipyn yn iau na mi. Dyna oedd ei ddawn.

Osian Maelgwyn Jones (Wyddgrug – gynt o Bow Street):

Er nad o'n i'n gweld Tomos mor aml â hynny yn ystod y blynyddoedd diwethaf, pan fyddwn yn ei weld, byddai wastad yn bleser sgwrsio ag ef. Cofiaf ef fel bachgen hyfryd yn yr ysgol ym Mhenweddig oedd yn ddawnus ar y maes chwarae ac yn ffrind arbennig, yn enwedig i'm brawd Trystan, oedd yr un oed ag ef, ac a fu farw yn bymtheg oed. Mae'n amlwg o'r teyrngedau na newidiodd Tomos ddim dros y blynyddoedd.

Huw Chambers:

Bachgen deallus a hynaws y bu'n fraint ei adnabod. Gwelais ei gant cyntaf i glwb criced Aberystwyth, a serch mai chware i'w wrthwynebwyr yr oeddwn, yr oedd y pleser a'r dathlu yr un mor wresog yn ein tîm ni ag yr oedd yn ei dîm yntau.

Glyn Griffiths (Carmel, Treffynnon):

Roedd yn fraint adnabod, bod yn gyfaill, a gweithio i Tomos. Gall yr ychydig eiriau yma ddim gwneud cyfiawnder â'r parch a'r edmygedd a oedd gennyf iddo. Roedd mor hapus ei fyd, gyda phersonoliaeth addfwyn a chynnes. Braint ydi cael dweud fy mod wedi adnabod Tomos, ac fy mod wedi gweithio iddo, ac anodd ydi rhwystro'r dagrau sydd unwaith eto yn llifo wrth imi sgwennu fy nheyrnged iddo.

Gary Pritchard (Ynys Môn):

Teyrnged hyfryd. Roedd hi wastad yn bleser cael gweithio gyda Tomos a bydd y golled ar ei ôl yn un enfawr.

Idris Charles:

Gwr ifanc hollol ddiymhongar oedd Tomos. Fel un sydd wedi bod yn y busnes darlledu 'ma am bedwar deg o flynyddoedd, ddois i erioed ar draws person mor ddiffuant, gonest, a chyfeillgar â Tomos. Mi fydda i yn colli ei lais tawel, a'i bersonoliaeth gynnes yn fawr iawn: dyma un oedd yn gwneud i chi deimlo eich bod yn bwysig i'w raglen, ac yn gwerthfawrogi eich cyfraniad. Diolch Tomos am wneud sylwebydd bach fel fi yn gawr, gyda'th eiriau o ganmoliaeth 'rôl ambell i gêm go anodd.

TEYRNGED A YMDDANGOSODD YN *Y CYMRO*

16 IONAWR 2009

Glyn Griffiths ac Idris Charles

Colli cynhyrchydd nad oedd gan neb air drwg amdano

Wythnos i'r Sul diwethaf bu farw Tomos Owen, cynhyrchydd rhaglen *Camp Lawn* BBC Radio Cymru yn dilyn cyfnod hir a brwydr yn erbyn gwaeledd. Roeddwn wedi dod i adnabod Tomos ers rhai blynyddoedd, ac wedi imi roi y gorau i reoli timau pêl-droed yng Nghynghrair Cymru, Tomos oedd un o'r rheini a roddodd gyfle imi barhau yn y byd pêl-droed wrth fy ngwahodd i gyfrannu i raglen *Camp Lawn* fel sylwebydd ail lais a gohebydd. Roedd Tomos yn gynhyrchydd a gweithiwr cydwybodol ac onest, tra hefyd yn parhau i fod yn addfwyn a thawel ei ffordd. Roedd ganddo y ddawn i gyfleu ei neges mewn dull clir a syml, fel y dydd pan gollais fy mhen yn lân wrth weld Patrick Kluivert yn sgorio dros Newcastle yn erbyn West Bromwich Albion mewn gêm a oeddwn yn gohebu arni. Ymateb Tomos i'r floedd afreolus oedd, "Gad y funnies i Idris Charles, Glyn". Pwy well, felly, i gyfrannu tuag at golofn drist hon heddiw nac Idris ei hun.

Neges ar fy mheiriant ffôn prynhawn dydd Sul... finnau methu deall yn iawn yr hyn oedd yn cael ei ddweud oherwydd y crio a'r geiriau yn un gymysgfa flêr ddisynnwyr, dim ond digon i wybod fod Glyn Griffiths am i mi'i ffonio fo. Paratoi fy hun am y gwaethaf. O'r emosiwn yn y llais mi wyddwn fod rhywbeth go anarferol a dychrynllyd o bosib wedi digwydd, fel hyn y byddai rhywun yn ymateb petai trychineb wedi digwydd i aelod o'r teulu. Galw 'nôl, a'r llais yr ochr arall yn hynod o grynedig. "Idris ma Tomos...", yna saib, "... ma Tomos wedi...", saib arall, "... wedi colli'r frwydr". Mi wyddwn fel pawb arall yn Adran Chwaraeon y BBC fod Tomos Owen, cynhyrchydd *Camp Lawn*, wedi bod yn wael ei iechyd ers rhai misoedd, ond wyddwn i ddim fod y salwch creulon, oedd wedi ei gaethiwo yn llawer rhy hir, ar fin dwyn ein cyfaill oddi arnom. Fe ddois i nabod Tomos pan gefais wahoddiad gan Radio Cymru i fod yn aelod rhan amser o dîm Rhaglenni Chwaraeon y gwasanaeth. Doeddwn i ddim yn orhyderus yn y gwaith, wel mewn gwirionedd dydi ddim yn job i gomidian, nagdi! Ond oherwydd ymateb Tomos i fy sylwadau bachog a fy sylwebaeth, oedd ar adegau yn swnio fel John Cleese yn hytrach na John Motson, fe ddois i deimlo fod fy nghyfraniad i'r *Gamp Lawn* yr un mor bwysig â'r sylwebyddion oedd yn sylwebyddion! Un fel yna oedd Tomos. Mi fyddai yn chwerthin 'rôl ambell sylw doniol fyddwn wedi gwneud, neu adroddiad fyddai'n well mewn Noson Lawen na sylwadau ar ôl gêm bêl-droed bwysig.

Mi fyddwn yn poeni weithiau fy mod wedi bod yn rhy wamalus a cholli bob hygrededd fel un i grynhoi gêm... ond fe wyddai Tomos, er bod yr hiwmor yn yr adroddiad, fod ynddi hefyd ddigon o sylwedd i roi darlun teg a chytbwys o'r naw deg munud. "'Dach chi'n wahanol, Idris" fydda fo yn ddeud 'rôl i mi ddweud fod adroddiadau'r lleill mor wych "'Sdim iws i ni gyd swnio yr un fath, Idris", ac meddai wedyn, "Diolch yn fawr i chi, chi ar gael wsnos nesa?" O'r holl flynyddoedd dw i wedi bod yn y busnes darlledu 'ma, mae Tomos yn sefyll allan, fel gŵr ifanc oedd â'r ddawn amhrisiadwy o gael y gorau ohonoch. Fe wyddai'n union beth oedd gofynion ei raglen, ac o'r herwydd fe wyddai beth oedd dyletswyddau pob cyfrannwr... ond yn fwy na hynny roedd ganddo ffordd unigryw i wneud i bob un ohonom deimlo ein bod yn hollbwysig, bron na fyddech yn credu mai chi oedd y person pwysicaf. Bob dydd Mercher mi fyddai Tomos yn fy ffonio, roedd ei lais meddal tyner, a'i ffordd ddi-ffws, mewn byd sy'n llawn o ffws, yn gwneud i mi sylweddoli heddiw mor fawr oedd fy mraint o gael gweithio iddo... ond cyn gweld gwerth mae'n rhaid colli, gwaetha'r modd. I mi, ac i bawb oedd yn ei nabod, mi oedd Tomos yn ŵr bonheddig, yn hoffus, yn onest, yn ddiffuant, yn ddiymhongar, yn gwbwl ddidwyll. Mae'r hyn ddywedodd Huw Llewelyn Davies yn dweud y cyfan, doedd gan neb air drwg amdano... bois bach, ma hynny yn ddeud mawr.

Wrth hel atgofion am ŵr hynaws ei natur, anodd peidio meddwl am y ffaith na fyddwn yn gweld ei wên siriol byth eto, ni fyddwn chwaith yn cael y pleser o glywed ei lais yn annog, yn canmol, a hyd yn oed yn ceryddu pan oedd angen. Yn y gornel wrth y drws fyddai Tomos yn eistedd yn y swyddfa agored fawr yn y BBC, wrth gerdded i mewn i'r swyddfa mi fyddech yn llythrennol yn gweld pawb oedd yno, ond Tomos. Fel yna yr hoffwn ei gofio, fel y tybiaf y byddai yntau yn hoffi cael ei gofio, fel y dyn yn y gornel, oedd yn gwneud ei waith heb dynnu dim sylw ato'i hun, ond sicrhau bod ei waith yn drylwyr i bobl eraill gael y clod... ma injan dawel yn rhedeg y car yn llawer mwy effeithiol nag un swnllyd.

Mi fyddai Tomos ei hun braidd yn *embarrassed* efo'r sylw a gaiff y dyddiau hyn, ond gwae ni o beidio clodfori un a roddodd gymaint i'r byd darlledu, heb fynnu sylw iddo ei hun. Dyna pam oedd Glyn yn crio ar y ffôn, dyna pam mae dagrau yn llenwi llygaid pawb fu'n ddigon ffodus o'i adnabod, mae'r golled yn enfawr. Mae pobol fel Tomos yn brin iawn yn y byd hunanol 'dan ni yn byw ynddo. Diolch yn fawr i ti, Tomos. Mae fy nghydymdeimlad gyda'r teulu ar hyn o bryd, rwy'n mawr obeithio bod yr hyn sydd wedi cael ei ddweud gan ei ffrindiau a'i gydweithwyr yn rhywfaint o gysur i chi, a'ch bod yn sylweddoli mor fawr oedd ein parch tuag ato. Fe wyddoch, fel pobol y capel, fod eich heddwch yn un llawer mwy na ni… daliwch yn dynn yn llaw yr Un nad yw byth yn newid.

RHAN O DEYRNGED A YMDDANGOSODD YN RHAGLEN GÊM BÊL-DROED TREF ABERYSTWYTH YN ERBYN DINAS BANGOR AR 25 IONAWR 2009:

Ar 4 Ionawr 2009 bu farw Tomos yn 31 mlwydd oed, yn dilyn brwydr ddewr am ddwy flynedd a hanner yn erbyn leukaemia.

Tra yn yr Ysgol Gymraeg bu'n chwarae pêl-droed i'r Mellt a'r Celtiaid yn y Mini Minors a'r Waun Shield, ac eto pan yn ddisgybl yn Ysgol Gyfun Penweddig. Yno hefyd bu'n chwaraewr tennis llwyddiannus, gan gynrychioli Ceredigion ar sawl achlysur. Teg fyddai dweud mai ym maes criced y disgleiriodd Tomos yn bennaf. Bu'n chwarae'n gyson yn nhîm Ysgol Gyfun Penweddig, o dan arweiniad meistrolgar Huw Chambers, ac yna i Glwb Criced Aberystwyth. Sgoriodd sawl cant ac elwodd o fod yng nghwmni chwaraewyr profiadol megis Anthony Evans a Robin Varley.

Oherwydd galwadau gwaith, dim ond yn achlysurol yr oedd Tomos yn gallu gwylio tîm pêl-droed Aberystwyth ond yr oedd yn gefnogwr selog. Hefyd, yr oedd yn awyddus bob amser i sicrhau fod y Gynghrair Genedlaethol yn derbyn sylw haeddiannol ar y rhaglenni yr oedd yn eu cynhyrchu.

Roedd Tomos yn llysgennad arbennig dros y dref a'r Gynghrair yng Nghaerdydd.

[Cynhaliwyd munud o dawelwch cyn y gêm a ddarlledwyd ar Camp Lawn *yn dilyn teyrnged gan y sylwebydd Dylan Griffiths]*

DETHOLIAD O DEYRNGEDAU GAN EI GYDWEITHWYR A SYLWEBWYR, BBC CYMRU

Menna Richards, Rheolwr BBC Cymru:

... gymaint mae ei gyfeillion a'i gyd-weithwyr yma yn BBC Cymru yn edmygu Tomos, ac yn falch o'i alw'n ffrind. Gwn yn dda faint o barch sydd at ei allu proffesiynol a'i ddoniau a llawn cyn bwysiced yw'r ffaith fod pobl yn hoffi Tomos gymaint fel person a'i gymeriad hynaws, cyfeillgar a chynnes... yn berson oedd wastad am wneud ei orau a chynhyrchu gwaith o'r safon uchaf... yn ddyn disglair a galluog, ac fe wnaeth gyfraniad sylweddol dros ben i lwyddiant BBC Cymru mewn amser byr.

Sian Gwynedd, Golygydd Radio Cymru:

Roedd ei ymroddiad a'i broffesiynoldeb yn ysbrydoliaeth i nifer o'i gyd-weithwyr, a nifer o'r rhai fu'n gweithio hefo fo yn dweud ei fod yn reddfol yn gwybod beth fyddai'n apelio at wrandawyr.

John Roberts, Is-Olygydd Radio Cymru:

Roeddem ni yn Radio Cymru yn ymwybodol iawn o gyfraniad ac ymroddiad Tomos i'w waith ac i'r gwasanaeth yn gyffredinol. Ond roedd ei hynawsedd a'i asbri a'i hiwmor unigryw hefyd yn gaffaeliad i ni i gyd yn ein gwaith. Ond roedd ei golli, ac yntau wedi ymdrechu mor ddygn i oresgyn ei waeledd, yn gwneud yr ergyd gymaint llymach... yr oedd gan Tomos ei ffydd a oedd yn gynhaliaeth gyson iddo, ac er nad atebion rhwydd yw atebion ffydd, y mae nerth i'w cael ynddyn nhw, ac y mae nerth pellach i'w gael o wybod fod pobl am eich lapio chi yn ein cydymdeimlad.

Aled Glynne, Cyn-Olygydd Radio Cymru:

... yn berson arbennig iawn... mor frwdfrydig, gweithgar ac annwyl. Fedra i, fel sawl un arall, ddim anghofio'r sbarc yn ei lygaid a'i wên annwyl.

Y POPODOM CYNTA I TOMOS! (LLUN 24)

Clive Rowlands:

Tan yr *all-change* diweddar ar BBC Radio Cymru, ro'dd 'na eitem wythnosol itha diddorol ar raglen Hywel a Nia – y ddau ddarlledydd profiadol yn gwahodd gwesteion i ddewis pedwar o bobol i rannu pryd bwyd a sgwrs o gwmpas y bwrdd. Dw i, ar hyd y blynyddoedd, fel chwaraewr, hyfforddwr, rheolwr ac ail lais ar radio wedi cael y cyfle i gyfarfod â phobol enwog gan gynnwys aelodau o'r teulu brenhinol, gwleidyddion, cerddorion a chant a mil o sêr byd y campau. Pwy, felly, fydden i yn ei ddewis ar gyfer gwledd o'r fath, ac ym mhle?

Fe wnes i gyfarfod â'r Frenhines (nid yng Nghwmtwrch) yn ei chartre, ysgwyd llaw â sawl Prif Weinidog a na, do'dd Lloyd George ddim yn un ohonyn nhw! Ro'dd e wedi marw cyn i fi ddechre ware ond ti a tithe o'dd hi pan fydde Wilson, Callaghan, Heath a fi'n rhannu sherry yn Downing Street. Fe fues i yng nghwmni Tom Jones, Shirley Bassey a Bryn Terfel droeon... sy'n fy atgoffa i – ma ishe fi ffono Bryn ar gyfer cymryd rhan yng Nghyngerdd Blynyddol Côr y Gyrlais. Mae dewis dau neu dri o fyd y bêl yn mynd i fod yn ben tost... rhaid ystyried Gareth, Barry, Gerald, Phil, Bleddyn Bowen, Alan Rees, Alan Jones, Peter Walker, Ian Botham, John Toshack, Mike Summerbee heb anghofio yr hen stagers o Glwb Rygbi Cwmtwrch. A beth am Lynn Davies, un o fawrion y campau yng Nghymru? Fe ddwedes i'r stori 'ma wrth Tomos unwaith, a fuodd e'n werthin am oriau:

Clive: Tomos. Ti 'di clywed am Lynn the Leap?

Tomos: Ydw, Clive. Un o'r mawrion!

Clive: Wyt ti'n gwbod fod ei record Brydeinig e ar gyfer y Naid Hir wedi ca'l ei thorri'n ddiweddar, ar ôl rhyw ddeugain mlynedd?

Tomos: Ydw.

Clive: Wel, o't ti'n gwbod mai Lynn dorrodd yn record i am yr Herc, Cam a Naid yn Cardiff Training College?

Tomos: Wel, na Clive. 'Smo records fel 'na yn ein llyfrau ni yn yr Adran Chwaraeon.

Clive: Wel, Tomos, ga i weud hyn wrthot ti. Y fi o'dd â'r record a ro'n i'n prowd o'r record. Ond, fe dorrodd Lynn y record, a hynny o fodfedd... a thair tro'dfedd!!!

Fe fydde *spread* yn cael ei gynnal yn Spice Island yng Nghwmtwrch (hen dafarn y George) a'r lle cyrri gore tu fas i Calcutta. (Tomos, smo i'n credu fod ishe treiglo Calcutta!) Ond, chi'n gwbod be – y person cynta fydde'n ca'l ei wahodd fydde Tomos Owen, y cymeriad mwya hynaws a dymunol gwrddes i erio'd. Ro'dd siarad â fe ar y ffôn yn donic (diolch mai'r BBC o'dd yn talu oherwydd ro'dd y sgwrs yn mynd mlân a mlân), a bod yn ei gwmni yn bleser pur. Y fi wna'th gyflwyno'i gap cynta iddo fe, lan yn Murrayfield yn 2003, ei gêm gynta fe oddi cartre fel cynhyrchydd ac fe wishgodd e'r *bobble hat* hen ffasiwn coch a gwyn â'r three feathers drwy'r nos. Y fi gyflwynodd gapiau i Barry a Gareth ac ro'dd Tomos yr un mor ddiolchgar o'r anrhydedd â'r haneri byd-enwog.

A bod yn onest, dw i ddim yn gofidio rhyw lawer am y gwesteion eraill – fe fydden nhw'n eilradd i'r cynhyrchydd annwyl oedd, hyd yn oed yn ei afiechyd, yr un mor serchus a hwyliog ag erioed. Tomos, dw i, fel pawb arall a gafodd y pleser o dy adnabod, yn gweld dy ishe di'n fawr.

DAU ATHRYLITH! (LLUN 25)
Alun Wyn Bevan:

Criced! Hoff gêm CLR James, Neville Cardus, Donald Bradman, Sachin Tendulkar, Tomos Owen a finne. Ac er mai byd y bêl hirgron fyddai'r sail i'r galwadau ffôn wythnosol, fe fyddai'r sgwrs yn troi'n gyflym i gyfeiriad ergydion clasurol Hobbs, Hammond a Hutton yn hytrach na doniau greddfol Henson, Hook a Hernandez ar gae rygbi. Roedd criced yn rhan o gyfansoddiad Tomos a droeon yn ystod y blynyddoedd fe ddaeth y batiwr talentog a'i frawd, Hywel, i chwarae mewn gêmau cyfeillgar yn y gorllewin.

Dw i'n cofio am un gêm yn anad un arall. Trefnwyd gornest hanner can pelawd ar brynhawn Sul bendigedig ddechrau Medi yn erbyn Pontarddulais. Ro'n nhw, ware teg, wedi dangos parch at eu gwrthwynebwyr drwy gynnwys eu XI gorau. Y nhw fatiodd gynta a chyrraedd cyfanswm anrhydeddus o 270 o rediadau. A bod yn onest llwyddodd carfan y Bont i greu hafoc yn yr heulwen a ni'r gwrthwynebwyr yn cwrso peli i bob rhan o'r maes.

Roedd tîm Barry Lloyd (capten y Bont a chyn-gapten Morgannwg) yn dawel hyderus yn ystod y toriad o frechdanau a phice. Ond dangoswyd rhywfaint o gonsýrn pan gamodd un o hoelion wyth y gêm i'r llain. Roedd Alan Jones yn chwech deg a phedair oed ond am ddwy awr gyffrous fe brofodd ei fod e'n dal yn lond corff o egni ac ystwythder. Fe gyfrannodd cyn-agorwr Morgannwg 84 o rediadau i'r ymdrech gan gyfareddu cefnogwyr selog y pentre. Fe wnaeth e gymryd gwynt dyn yn llwyr, yr ystod eang o ergydion clasurol sy'n haeddu cael eu cynnwys ar ffurf prints ffotograffig mewn llyfryn hyfforddi. Fe fydde'r lluniau wedi datgan cyfrolau am osgo, techneg ac amseriad y dyn. Fe rannodd Tomos bartneriaeth sylweddol â'r meistr; profiad a wnaeth y cynhyrchydd drysori'n fawr. Mae'r geiriau a ddefnyddiodd Tomos i ddisgrifio batiad Alan yn dal yn fyw yn y cof. "Athrylith wrth ei waith!" meddai. Roedd y ddau ohonom yn dal i sôn am y batiad rhai blynyddoedd yn ddiweddarach. Trueni na fyddai ffotograffydd wedi bod yn bresennol.

Mae llun yn datgan cyfrolau; mewn blynyddoedd fe fydd prints ffotograffwyr o galibr Geoff Charles, Ron Davies a Marian Delyth yn gofnod hollbwysig o'r gorffennol. Ond dyw'r llun a gymerwyd ar brynhawn heulog yn Abertawe ym mis Mai 2005 ddim mewn gwirionedd yn cyfleu'r holl stori.

Yn dilyn llwyddiant ysgubol ein tîm rygbi cenedlaethol ym Mhencampwriaeth y Chwe Gwlad yn 2005 daeth cyfranwyr y Gamp Lawn at ei gilydd ar gyfer pryd bwyd ganol dydd i ddathlu campau Mike Ruddock a'i dîm. Dyma'r criw wnaeth geisio trosglwyddo cyffro'r achlysur ar donfeddi BBC Radio Cymru yn ystod pum gêm fythgofiadwy. Cafwyd pryd bwyd chwaethus yng Ngwesty Morgans gyda'r cwmni llon yn ail-fyw'r uchafbwyntiau â gwên ar wyneb. Cyn ffarwelio, tynnwyd llun o flân y gwesty a phan ymddangosodd y print daeth un ffaith i'r amlwg. Ro'dd y mwyafrif yn wynebau cyfarwydd – i ni'r Cymry mae Eleri Siôn a Dot Davies 'run mor adnabyddus â Cheryl Cole a Lilly Allen. Ac i Mr a Mrs Jones o Grymych mae Clive, Emyr, Derwyn a Cennydd yn rhan o'r teulu. Ond, i rai mae yna un gŵr yn y llun sy'n ddieithr – ddim mor adnabyddus â'r gweddill efallai. Dyma'r cefndir:

Roedd y diweddar Bill Shankly, rheolwr carismataidd Clwb Pêl-droed Lerpwl, yn diolch yn gyson i'r unigolion y tu ôl i'r llenni. Cafwyd un araith gofiadwy ar dop *double-decker* o flaen miloedd pan ddiolchodd y Scotyn i'r tirmon a'r staff cyffredinol ac anwybyddu Smith, Toshack, Heighway a Keegan. Yn ôl y rheolwr ro'dd cyfraniad y criw wrth gefn yn dyngedfennol i'r llwyddiant.

A dyna gyfrinach y llun. Tomos Owen, y cynhyrchydd diflino, oedd yn gyfrifol am egni a brwdfrydedd y gweddill. Y fe oedd y catalydd, a thrwy losgi'r gannwyll hyd yr orie mân, a chwblhau tyrn o waith cartre trylwyr, fe sicrhaodd fod pob dim ar y diwrnod yn gw'itho fel watsh. Yn bwysicach fyth, roedd yn Gymro, yn gymeriad o galibr ac yn ysbrydoliaeth i bawb. Roedd pawb yn meddwl y byd ohono, Ro'dd yna barch aruthrol i'w gyfraniadau a phawb oedd yn ei adnabod yn ei gyfri'n athrylith. Yn sicr ro'dd 'da fe ac Alan Jones rhywbeth yn gyffredin.

Gwyn Derfel, Golygydd Cynnyrch Chwaraeon Cymraeg:

Dw i'n siŵr bod Tomos a finnau a gweddill y garfan wedi breuddwydio am eiliad debyg droeon. Bloeddio canu'r anthem cyn cynrychioli tîm pêl-droed Cymru yn erbyn yr 'hen elyn' ar ein Maes Cenedlaethol (Llun 26).

Er bod cyn lleied yn gwylio tîm Y Wasg Gymreig yn herio hacks Lloegr nes bod 'Hen Wlad fy Nhadau' yn atseinio oddi ar 74,000 a mwy o seddi gweigion, roedden ni'n dal i gynrychioli'n gwlad.

Colli'n greulon yn yr eiliadau olaf oedd ein hanes, ond dw i'n gwybod o'r wên amlwg sydd yna ar wyneb Tomos yn y llun swyddogol a roddwyd i ni'r diwrnod hwnnw ei fod o, fel finnau, wedi gwireddu rhyw fath o freuddwyd.

Mi gofia i'r diwrnod. Mi gofia i'r wên.

John Evans: (Llun 29)

"I bwy ddwedest ti y ma fe?" Joe, Joe Calzaghe oedd yn gofyn, tranno'th iddo fe guro'r Peter Manfredo truenus yng Nghaerdydd yn Ebrill 2007. (Ro'dd Kessler, Hopkins a Roy Jones i ddod.) Ro'dd ein pencampwr byd-enwog wedi synhwyro nad cais arferol 'da fi o'dd hwn. "I gyfell," meddwn. "Cyfell sydd wedi dilyn dy lwyddiant yn y sgwâr yn glòs a gŵr ifanc sydd wedi fy anfon i ar lawer achlysur i sylwebu ar dy berfformiade." Eglures yr amgylchiade.

Yn ystod y blynyddoedd diwetha, y blynyddoedd y bu Tomos yn rhan allweddol o Adran Chwaraeon BBC Cymru, cynyddodd y galw am lofnod Joe. Gwaethygodd ei lawysgrif yn ystod y cyfnod hefyd. Newidiodd o fod yn 'draed brain' gwreiddiol i un stribed annealladwy! Eto, ar yr achlysur penodol hwn, deallodd fod Tomos newydd dderbyn trawsblaniad a'i fod ar y pryd yn dathlu ei ben-blwydd yn ddeg ar hugain oed yn yr ysbyty. Pwyllodd Joe. Tynnodd gader ato. Eisteddodd. Ysgrifennodd yn ofalus a thyner. "Tomos. Please get better. Joe C-------" (annealladwy eto). A'i ddyddio – 09/04/07. Dyna oedd dymuniad, yn wir, dyhead pob un ohonon ni, yntefe? Yr anghrediniaeth o natur y salwch yn y lle cynta a wedyn y diffyg cryfhau a'r llwyr wellhad i un o wŷr ifanc mwya dawnus, direidus, cyfrifol, clyfar, diymhongar a chwrtais ein cenedl.

Fe ges i'r fraint a'r pleser digymar o weithio ar sawl camp gyda Tomos – o rygbi i bêl-droed, o griced i snwcer ac o focso at golff ac yn y bla'n. Parchwn ei farn a rhyfeddwn at ei wybodaeth. Dywedes wrtho lawer tro, "Chwaraeon, ie, ond cyn bo hir ymla'n at bethe mwy. Golygydd Radio Cymru ar y lleia iti a hynny cyn bo hir. Yn y pen draw, ti yn unig a all rhoi taw ar dy lwyddiant." Nage, yn hytrach ffawd didostur o greulon. Mae enw Calzaghe bellach yn gydnabyddedig ymysg anfarwolion campwyr ein cenedl. Mae enw Tomos Owen wedi'i naddu'n gadarn ar restr fy anfarwolion personol i.

Gareth Blainey:

Braint a phleser oedd nabod Tomos a gweithio gydag o. Byddaf wastad yn cofio am ei gyfeillgarwch a'i gefnogaeth i mi.

Gareth Charles a Lowri Pugh-Jones:

Roedd hi wastad yn bleser nid yn unig cydweithio gydag e, ond bod yn ei gwmni.

Deian Creunant:

Bu Tomos yn help mawr i mi gyda fy ngwaith chwaraeon yn y BBC ac roedd yn bleser cydweithio â fe.

Aled ap Dafydd:

Cefais y fraint a'r pleser o gydweithio gyda Tomos am rai blynyddoedd yn yr Adran Chwaraeon. Braint oedd cael gweithio gyda rhywun mor ddiwyd a chydwybodol, a phleser oedd cael cyfri fy hun yn ffrind i rywun mor hwyliog ei natur. I Tomos, roedd ei hoffter o chwaraeon a pharodrwydd i fynd y filltir ychwanegol mewn cyd-destun proffesiynol yn briodas hapus. Doedd neb yn fwy dygn a chreadigol yn yr Adran, a'i gynhyrchiad o'r safon uchaf bob amser. Ond yn bwysicach na dim, roedd Tomos yn gymeriad cynnes a ffyddlon... Roedd bob amser yn barod ei gymwynas ac yn gwmni cymdeithasol heb ei ail.

Iolo ap Dafydd:

... yn gydweithiwr caredig a chydwybodol, wastad â gwên ar ei wyneb.

Brian Davies:

Roedd yn ŵr bonheddig gyda gwên a gwyneb agored, ac roedd yn bleser cael bod yn ei gwmni. Roedd wedi rhoi ei farc ar fywyd, er iddo'n gadael mor ifanc.

42

Cennydd Davies:

Roedd yn ŵr bonheddig, yn berson cyfeillgar, diymhongar, mwya ffein fyddai unrhyw un yn dymuno cyfarfod, a dyma paham ma'r newyddion yn gymaint o ergyd i bawb oedd yn ei nabod. Heblaw am ei rinweddau fel person mi oedd yn weithiwr proffesiynol, diflino ac yn gynhyrchydd o fri... Ma ysbryd Tomos nawr o'n cwmpas ni i gyd, yn parhau i gadw clust ar y newyddion diweddara ac mewn rhyw fodd yn parhau i'n cynhyrchu ni i gyd.

Dot Davies ac Andrew Weeks:

Roedd yn berson mor amyneddgar... gododd fyth mo'i lais... Do'dd Tomos byth yn gwylltio na mynd i banic, nac yn achwyn am ormod o waith. Byth. Weles i erioed neb mor hapus ei fyd, ac yn mwynhau ei waith cymaint. Fydda i wastad yn cofio Tomos yn chwerthin, achos pan o'dd rhywbeth yn ticlo Tomos, bydde fe'n chwerthin o'i fol, a'r dagrau'n llifo. Gethon ni gymaint o hwyl, yn enwedig ar daith yn recordio *Cant y Cant*... Am sbort. Fydda i ac Andrew yn cofio pob dim nath e ddysgu i ni. Person arbennig ac unigryw.

Lois Eckley:

Fe gwrddes i â Tomos yn fy wythnos gyntaf i yn y BBC ar gwrs 'setlo i mewn'. Roedd e mor annwyl ac agored fe deimles i mod i wedi cyrraedd y lle cywir, hefo pobol neis yn gweithio yno ar ôl cwrdd â fo... roedd o, fel soniodd pawb yn yr angladd, mor 'calm'.

Bethan Edwards:

Roedd Tomos yn berson mor arbennig, ac yn chwa o awyr iach i fod yn ei gwmni. Gyda'i natur ddiymhongar a'i ffraethineb unigryw, bydd colled enfawr ar ei ôl.

Sali Evans:

Yn ystod fy misoedd cyntaf yn yr Adran Chwaraeon roedd e wastad yno i mi ac yn barod i'm helpu. Gawson ni lot o hwyl dros y blynyddoedd yn gweithio gyda'n gilydd. Roedd e'n fòs teg iawn ac yn ddyn lyfli.

Rhian Gibson:

Bu'n fraint cael y cyfle i gydweithio gyda Tomos am nifer o flynyddoedd yn ystod fy nghyfnod gydag Adrannau Newyddion a Chwaraeon BBC Cymru – ac roedd bob amser yn bleser. Roedd yn weithiwr caled a oedd bob amser yn llawn hwyl a chyfeillgarwch. Doedd dim yn ormod i Tomos, ac roedd safon ei waith yn eithriadol. Roedd pawb â pharch mawr ato ac yn wirioneddol mwynhau gweithio gyda e. Llwyddodd ei feddwl direidus wrth baratoi cwestiynau cwis *Cant y Cant* gadw sawl un ohonom yn chwerthin am oriau lawer ar brynhawniau Gwener.

Dylan Griffiths:

Cydweithiwr disglair a ffrind ffyddlon. Mi ddechreuodd y ddau ohonom yn y BBC ar yr un pryd ac mi ddaethom yn agos ar lefel broffesiynol a phersonol... Chafwyd yr un gair croes, a'r unig le i mi weld Tomos yn gwylltio oedd ar y cwrs golff!

Marc Griffiths:

Bob tro ro'n ni'n ei weld, roedd wastad gwên ar ei wyneb. Byddwn yn gweld ei ishe yn fawr.

Dyfrig Gwent:

Yn ffrind, cydweithiwr a Chymro da... dysgais lawer yn yr amser byr y cefais yn ei gwmni. Fe gafodd ddylanwad amhrisiadwy ar yr Adran Chwaraeon, ac fe fydd hynny'n parhau am byth.

John Hardy:
Doedd ganddo'r un gair cas i ddweud am neb... doedd gan neb air cas i ddweud am Tomos. Roedd yma edmygedd a pharch iddo gan ei gydweithwyr, arwydd o'i ddawn a'i ddealltwriaeth.

Ffion Hywel:
Mi roedd Tomos wastad yn barod i helpu gyda rhaglenni oedd yn cymryd cip 'ysgafn' ar y byd chwaraeon.

David James:
Roedd Tomos yn uchel ei barch gan bob aelod o dîm *Camp Lawn*. Roedd ei gymeriad hoffus a'i natur ddiymhongar yn ennyn parch ac edmygedd ac yn golygu bod pawb yn closio ato. Pleser fu cydweithio â fo ac er gwaetha tensiwn rhaglen fyw, a'r holl bethau allai fynd o'i le, roedd Tomos wastad yn gwneud ei waith yn dawel, yn drwyadl ac yn ddiffwdan – rhywbeth oedd yn cael ei werthfawrogi'n fawr gan y gohebydd allan yn y maes. Roedd ganddo synnwyr digrifwch iach, ac angenrheidiol o bosib i'r maes roedd yn gweithio ynddo... roedd diddordeb cyffredin gennym ni mewn criced a helynt Morgannwg. Mor hoff oedd Tomos o dreulio amser gyda'i deulu ym maes Llandrillo-yn Rhos yn gwylio ei hoff sir, a chafwyd parhad i sawl sgwrs teleffon yno!

Alun Jenkins:
Ffrind annwyl dros y blynyddoedd wrth weithio ar y radio.

Dai Alun Jones:
Roedd Tomos bob amser yn gwrtais ac yn foneddigaidd, nid oedd unrhyw broblem yn rhy fach nac yn rhy fawr iddo: fel darlledwr da roedd ganddo, ar bob achlysur, glust i wrando. Gwelir ei eisiau yn fawr iawn gyda'r cellwair diniwed a oedd yn rhan annwyl o'i bersonoliaeth.

Rhodri Jones:

Fel fy ymchwilydd ar raglen chwaraeon Radio Cymru dechreuodd Tomos ei yrfa yn yr Adran, ac o'r eiliad gyntaf roedd ei ddawn yn amlwg i bawb – yn hollol broffesiynol ym mhob agwedd ac yn drylwyr iawn yn ei waith, a phob dim â gwên a hiwmor iachus. Yn fuan iawn, cafodd y ddawn ei chydnabod wrth i Tomos gymryd fy lle fel cynhyrchydd ac i finnau symud at yr ochr Saesneg. Parhau wnaeth y cydweithio agos hyd nes iddo orfod ildio i'r salwch – brwydr a ymladdodd â chymaint o urddas a dewrder. Mae'r Adran Chwaraeon wedi colli cyfaill annwyl yn greulon o fuan, ac rwy'n gweld dy eisie yn fawr, Tom.

Nia Lloyd Jones:

Pan oeddwn yn gyfrifol am raglen *Ar y Marc*, fe fyddwn yn ffonio Tomos am ffafr, ac fe fyddai bob amser yn fy helpu. Roedd yn bleser ei ffonio, gan y gwyddwn nad oedd dim yn ormod o drafferth iddo. "Gad e hefo fi," ac ymhen chwarter awr byddai e-bost yn cyrraedd a phopeth yn ei le.

Rhodri Llywelyn:

Roedd ei sgwrs wastad yn ddifyr, felly hefyd ei raglenni, ac yn ddiweddarach yr erthyglau y bu'n eu hysgrifennu yn ystod ei waeledd.

Lowri Matthews:

Dechreuais weithio i Adran Chwaraeon y BBC ar yr un diwrnod â Tomos... bydd y profiad o gydweithio'n agos gyda Tomos yn aros gyda mi am byth. Roedd ei gymeriad hynaws a'i natur ddiymhongar, er ei allu diamwys, yn glir o'r cychwyn cyntaf.

John Meredith:

Cefais lawer i sgwrs gydag ef yn y gwaith, ac yr oedd gennyf feddwl mawr ohono.

Dwynwen Morgan:

Anghofia i fyth mo hwyl ac afiaith Tomos... o Benweddig i 'r BBC, roedd treulio amser yn ei gwmni bob tro yn bleser, ac roedd ei ddewrder wrth wynebu'r afiechyd creulon yn wers i ni i gyd.

Tomi Morgan:

Roedd Tomos yn ŵr ifanc mor boblogaidd. Bu Tomos yn hael iawn i fi dros y tymhorau yn rhinwedd ei swydd, bellach mae'r llinell ffôn wedi distewi, ond nid yw'r atgofion.

Meilyr Owen:

Roedd gen i feddwl y byd o Tomos fel person, cyfaill a chydweithiwr.

Nic Parry:

Buom yn cydweithio'n agos iawn ar *Camp Lawn* dros gyfnod o flynyddoedd. Cofiaf amdano fel cyfaill ffyddlon, cefnogol, trylwyr a bob amser yn werthfawrogol. Roedd ei barch at yr iaith yn amheuthun. Soniai pawb, yn ddieithriad, yn hoffus amdano. Rwy'n diolch am gael ei adnabod a'i alw'n ffrind.

Alun Protheroe:

Roedd Tomos yn hoffus ac yn gynhyrchydd dawnus.

Dafydd Roberts:

Cynhyrchydd a, chyn hynny, ymchwilydd penigamp, cyfaill da... wastad yn ŵr bonheddig, yn barod ei wên a'i gymwynas... Roedd ganddo fe amser a chlust i bawb.

Mair Parry Roberts:

Roedd Tomos bob tro yn gymwynasgar ac yn ddiymhongar... yn ŵr bonheddig yn wir ystyr y gair.

Geraint Rowlands a Nerys Glynn:

Er bod Tomos yn gweithio ar ochr radio yr adran a ni'n dau ar yr ochr deledu roeddwn yn siarad ac yn trafod yn aml, yn enwedig pethau pwysig fel y Swans! Roedd yn ŵr galluog, cydwybodol a hawddgar ac roedd yn bleser ac yn anrhydedd gweithio gydag e a'i adnabod.

Garmon Rhys a Lowri Davies:

Person annwyl ac addfwyn iawn, ac fe fydd colled enfawr ar ei ôl.

Eleri Siôn:

Tom Tom o'n i'n galw Tomos. Am enw priodol! Fe oedd system llywio *Camp Lawn* bob prynhawn Sadwrn ar BBC Radio Cymru. Fe oedd fy 'Sat Nav' i. Yn bwyllog, yn annwyl ond yn awdurdodol heb golli ei limpyn, FE oedd y LLAIS. Ond yn wahanol i system gyfarwyddiadau'r car buasai Tom Tom byth yn f'arwain i na Dylan (Ebenezer) ar drywydd anghywir achos roedd e bob amser yn IAWN. Roedd ei wybodaeth e o fyd y campau a'r iaith Gymraeg mor helaeth ro'n i'n teimlo'n saffach yn ei ddwylo fe na phêl yn nwylo BIG NEV. Weithiau, er hynny, baswn i yn arwain fy hunan ar gyfeiliorn.

Rwy'n cofio bod ym Mharis yn 2005 ar gyfer gêm Ffrainc v Cymru... gwneud fy ffordd i'r Gare du Nord. Doedd hi ddim yn broblem neidio ar y trên i gyfeiriad y stadiwm. Y broblem oedd gadael y trên tu fas i'r Stade. Ac am stâd oedd arna i. Ro'n i ar y trên 'direct' i faes awyr Charles de Gaulle. Do'n i ddim yn poeni am gyrraedd mewn pryd – na chwaith am y gêm – ond ro'n i'n poeni am siomi Tom Tom oherwydd y parch roedd gen i iddo fe. I dorri stori hir yn fyr, fe gyrhaeddais i awr yn hwyr ond ro'n i yno cyn i'r rhaglen ddechre a phwy oedd yno i ofalu mod i'n iawn? Wel Tom Tom wrth gwrs. Fe fuon ni'n chwerthin yn aml am y tro yma a throeon eraill achos roedd e, fel fi, yn hoffi sbort.

Rwy'n colli'r LLAIS ac rwy'n ei fethu FE. Roedd Tom Tom yn foi a hanner!

Elin Thomas:

Roedd yn bleser gweithio efo Tomos. Roedd mor drylwyr a phroffesiynol yn ei waith. Pan roedd pethe'n mynd o'i le yn y stiwdio ambell waith doedd Tomos byth yn codi ei lais. Rwy'n gwybod pa mor falch yr oedd am gynhyrchu rhaglen o safon uchel. Fydd pnawn Sadwrn ddim cweit yr un fath ar ôl colli Tomos.

Ion Thomas:

Mae rhai pobl yn llwyddo i'ch cofleidio. Un felly oedd Tomos. Ynghanol berw bore Sadwrn pan oeddwn i gyda fy mechgyn yn casglu'r cyfarpar sylwebu ar gyfer gêm y pnawn, byddai Tomos yn rhoi'r gorau i'w waith ac yn rhoi ei sylw'n llwyr i ni. Byddai fel plentyn yn llawn direidi yn mynd i chwarae yn y coridor hir a arweiniai i'r Adran Chwaraeon i ddangos sut oedd y sling neu'r ffon dafl a oedd wedi ymddangos yn yr Adran yn gweithio. Yno byddai'r tri yn chwerthin a'r bêl fach yn cael ei pheltio o un pen i'r llall. Rhyfeddwn at ei amynedd a'i asbri, ei gyfeillgarwch a'i gwrteisi ac yntau ar fin llywio marathon o raglen drwy'r pnawn.

Droeon byddwn yn taro i mewn i'w weld yn y stiwdio ac yntau yn y gadair reoli. Unwaith eto, gallai gynnig amser a sgwrs a chadw'r jig-so o raglen i redeg yn llyfn. A phe bai yna gamgymeriad, rhyw ysgwyd pen ac anadl ddofn a gwên fyddai. Ni chlywais i'r un rheg ganddo nac arlliw o natur ddrwg. A ninnau'n mynd i'r un capel ac yn chwarae i'r un tîm criced gallaf dystio i mi gael cyfaill o Gristion. Un a feddai ar dangnefedd y crediniwr.

Do, fe welais ef yn ei waeledd ond parhaodd y cadernid. Galwai draw i'n gweld. A gwyddai sut i oleuo llygaid y plant gyda chardiau a phosteri a fyddai'n rhoddion perffaith. Ac er aml sgwrs ar y ffôn, ni fynegodd chwerwder na rhwystredigaeth. Hyd yn oed yn ei wendid cofleidiodd fywyd, gan barhau i ymddiddori yn hynt a helynt ei gydnabod a'i ddiddordebau a oedd wrth gwrs yn niferus.

Braint oedd cael adnabod Tomos. Fe'n cofleidiodd ni oll fel cyfaill, cynhyrchydd a Christion.

Iola Wyn:

Mi roedd ei fywyd yn greulon o fyr, ond mae'r edmygedd ohono'n parhau. Ble bynnag fyddwn i, yn Salem, coridorau'r BBC, Maes yr Eisteddfod llynedd (ac Aduniad Adran y Gymraeg, Prifysgol Caerdydd yno) fe fyddai Tomos wastad yn barod i gael sgwrs.

DETHOLIAD O DEYRNGEDAU AMRYWIOL

Siôn Davies:

Ar ddydd Gwener, 8 Awst cyfarfu dau gyfaill ar faes Eisteddfod Genedlaethol Caerdydd a'r Fro, 2008. Teithiais i'r maes o Berlin yn llawn euogrwydd am fethu ymweld â Tomos ers cryn amser, a brawychais o'i weld yn cerdded yn araf oherwydd ei afiechyd. Er hyn, roedd hi'n anodd teimlo'n lletchwith yng nghwmni Tomos am hir. Fe adawodd i fi rwdlan, gan ddim ond ymyrryd i wneud rhyw sylw bach doniol, ac am gyfnod byr ar brynhawn braf ym mis Awst mi roedd hi'n bosib anghofio am y cymylau ar y gorwel. Does dim byd anghyffredin am ddau gyfaill yn cyfarfod ar faes yr Eisteddfod, ond i ddau gyfaill yn 2008 dyna fu y cyfarfod olaf. Cyfarfod sydd heddiw ddim mwy nag atgof, ond atgof i'w drysori.

Rhodri Gruffydd:

Cefais y fraint o adnabod Tomos gyntaf pan oeddem ein dau yn wyth oed yn yr Ysgol Gymraeg yn Aberystwyth. Parhaodd ein cyfeillgarwch tra roeddem yn ddisgyblion yn Ysgol Penweddig, yn ystod y blynyddoedd pan oeddem yn fyfyrwyr ym Mhrifysgol Caerdydd a phan gafodd y ddau ohonom swyddi yn y brifddinas. Bob gwyliau, pan ddychwelem i Aberystwyth, byddai'r hen griw o ffrindiau ysgol : Hywel, Aled, Siôn, Tomos a minnau, yn cwrdd dros bryd o fwyd a rhoi'r byd yn ei le. Dyma'r criw y gwnaeth Huw, tad Tomos, gyda'i hiwmor arferol, ei lysenwi yn 'luncheon club'. Hyd yn oed yn ei waeledd, fe wnaeth Tomos a'i frawd Hywel, ddod i gwrdd â ni sawl tro i'r 'luncheon club' (Llun 18). Parhaodd Tomos yn gyfaill agos iawn hyd y diwedd. Yn wir, cofiodd am ben-blwydd Owain, mab bach Ai Lean a minnau, yn ddwy oed mor ddiweddar â mis Medi diwethaf a rhoi tegan meddal ar ffurf draig goch yn anrheg iddo. Byddwn yn trysori'r ddraig yn fawr iawn ac yn dweud wrth Owain pan fydd yn hŷn, iddo ei chael yn anrheg gan ffrind annwyl a meddylgar a aeth o'n plith yn greulon o ifanc.

Aled Lewis

Atgofion gwerthfawr am Benweddig,
am wersi Lladin a Bridge,
am Lefel 'A' Cymraeg, Hanes ac Almaeneg;
Atgofion llon am geisio chwarae golff,
A'r 'clwb cinio' yn y gwyliau.
Cofio am alwad ffôn: am sioc, am ofid, am weddïo,
am newyddion da, am ryddhad –
A'r 'clwb cinio' yn gyflawn eto!
Cofio am alwad ffôn: am alar, am golled, am wacter,
am Gapel Salem, am ddiolch, am y gymwynas ola'.
Hiraethu am ffrind annwyl – y sedd wag,
A chofio yr atgofion.

Hywel Lloyd:

Bu Tomos yn ffrind ardderchog i mi ers i mi gwrdd ag ef gyntaf yn yr ysgol gynradd yn Aberystwyth. Mae gennyf lawer o atgofion da amdano. Roedd yn gymwynaswr heb ei ail. Cofiaf un achlysur, rai blynyddoedd 'nôl, pan ddeuthum lawr o Aberystwyth i Gaerdydd am gyfarfod yn y Cynulliad Cenedlaethol. Gan mai ar ddydd Llun oedd hyn, nid oedd yn rhaid i Tomos fynd i'r gwaith (cofier mai dydd Sadwrn oedd ei ddiwrnod prysuraf). Treuliodd Tomos y diwrnod cyfan gyda fi, yn rhoi lifft o ganol y ddinas i'r Bae ac yn ôl, aros y tu allan i mi tra roedd y cyfarfod yn digwydd, ciniawa gyda fi a hyd yn oed fy nhywys o gwmpas Siambr y Cynulliad. Roedd yn gymeriad caredig, hollol ostyngedig ac ni fyddai byth yn brolio. Roedd ganddo ddigon o le i wneud hynny, gyda'i swydd gyfrifol yn y BBC, ei ddisgleirdeb academaidd ac, wrth gwrs, ei ddoniau ym myd y campau.

Atgof arall, mwy diweddar, yw pan wnaeth gyfarfod â mi i wylio diwrnod o griced yng Nghaerdydd fis Gorffennaf diwethaf. Erbyn hynny roedd ei gyflwr wedi dechrau dirywio a sylwais sut oedd yn cael cerdded a phlygu yn anodd. Ond roedd y bersonoliaeth radlon, y cyfeillgarwch a'r ysbryd chwareus, diymhongar yr un mor gryf. Unwaith eto, cefais fy nhywys o gwmpas canolfan (y tro hwn canolfan ysblennydd y Wasg yn Stadiwm Swalec), gyrrodd y car at fwyty cyfagos i ni i gael cinio ac wedyn dychwelom am rai oriau i wylio'r criced. Rwy'n cofio meddwl, ar y ffordd 'nôl i Aberystwyth y noson honno, fy mod wedi cael diwrnod i'r brenin a pha mor ffodus oeddwn i gael ffrind mor arbennig â Tomos. Gwelaf ei eisiau yn fawr.

(Gweithredodd Siôn Davies, Rhodri Gruffydd, Aled Lewis a Hywel Lloyd fel arch-gludwyr yn angladd Tomos.)

Y mae'r nifer fawr o deyrngedau a gyflwynwyd gan athrawon Ysgol Penweddig, Aberystwyth yn cynnwys y sylwadau canlynol:

Bachgen annwyl iawn;

Cofir ef am ei ddeallusrwydd a'i ddiymhongarwch aeddfed;

Disgybl hoffus ac annwyl;

Bob amser yn serchus a chyfeillgar – ffyddlon i'r Undeb Gristnogol ym Mhenweddig;

Bachgen ifanc, serchog, llawn hiwmor;

Bachgen tawel ei ffordd, ychydig yn swil efallai, ond gyda sbarc yn y llygad, yn hynod o gwrtais ac yn hoff o bêl-droed;

Roedd Tomos yn un o fy hoff ddisgyblion yn Ysgol Penweddig – roedd mor annwyl ac yn ddisgybl cydwybodol iawn;

Crwt hoffus ac agos atoch a oedd yn mwynhau cwmni cyfeillion, athrawon a bywyd yr ysgol yn ei amrywiol feysydd. Tystiai'r wên ddireidus i hynny bob amser; Un o'r bechgyn anwylaf i mi erioed ei ddysgu;

Roedd mor gwrtais, cydwybodol ac, wrth gwrs, yn fachgen galluog.

George Austin, Cadeirydd Clwb Cicio'r Cymry (Pontypridd):
Roedd Tomos yn chwarae pêl-droed gyda ni yn Clwb Cicio'r Cymry bob nos Iau, ar gaeau Prifysgol Morgannwg yn Nhrefforest, ers pan sefydlwyd y Clwb yn 2003/04... roedd yn chwaraewr disglair ac hefyd yn berson ifanc dawnus a dymunol iawn.

Anthony Evans (Clwb Criced Aberystwyth):
Atgofion am Tomos yn chwarae i Glwb Criced Aberystwyth. Gwelir hiraeth mawr amdano.

Lusa Glyn:
Gorchwyl anodd iawn yw costrelu'r atgofion am Tomos i hyn o ofod, ond mae'r dagrau a'r chwerthin yn dod yn rhwydd iawn. Y dagrau am i mi golli ffrind annwyl, a'r chwerthin wrth ddwyn i gof yr hwyl a'r sbort a gefais yn ei gwmni. Mae sawl un wedi sôn am ei allu, ei amynedd, ei hawddgarwch a'i broffesiynoldeb ac fe welais i bob un o'r rhinweddau yma ynddo ond, i mi, ei natur ffeind, ei ffraethineb a'i wên sy'n dod i'r brig amlaf.

Roedd Tomos yn ffeind ar sawl lefel; bob tro yn rhoi galwad ffôn neu decst i ddymuno'n dda wrthi mi gyfrannu ar y radio neu'r teledu. Ac ef fyddai'r cyntaf i longyfarch â sylw crafog a threiddgar. Roedd yn hael ac yn feddylgar wrth roi anrheg – yn llyfr neu CD gyda nodyn addas neu lun ag arwyddocâd arbennig. Holai'n ddi-feth am bawb yn y teulu, o'r bechgyn, Bedwyr a Garmon oedd yn meddwl y byd ohono, i fy nain na chwrddodd erioed â hi.

Roeddwn i'n ymwybodol o hiwmor Tomos o'r cychwyn ond gyda'i salwch, fe gefais i y pleser o rannu oriau lawer yn ei gwmni yn gwylio tîm criced Salem yn chwarae ac hefyd yn chwarae Sgrabl ar *Facebook*. Dyma pryd y byddai ei hiwmor unigryw yn amlygu ei hun ac yn peri i mi chwerthin yn uchel.

Yng Nghapel Salem yn ystod gwasanaeth y goleuni un Dolig fe gafodd Tomos a finnau y fraint o fod yn ddau o'r deuddeg oedd yn cael cludo'r canhwyllau o gwmpas y capel. Gorchwyl a braint a oedd yn gofyn am elfen o ddifrifoldeb, ond yn nodweddiadol o Tomos pan oeddem yn mynd i fyny'r grisiau i'r galeri fe fu'n bygwth rhoi fy ngwallt ar dân gan beri i mi gael pwl o chwerthin ac i'r munudau dwys droi yn bantomeim! Mae'r gannwyll wedi diffodd erbyn hyn ond pery goleuni fflam Tomos i lewyrchu a'i wên i daflu ei oleuni dros bawb oedd yn ei adnabod.

Dylan Jones (Clwb Criced Aberystwyth):
Atgofion melys a hapus sydd gennyf am Tomos. Gŵr bonheddig i bawb, a bachgen talentog ar y maes.

Angharad Mair:
Credwch fi, mae'n gallu bod yn brofiad brawychus i unrhyw ferch gerdded i mewn i swyddfa chwaraeon y BBC. Mae'r swyddfa hon ym mhen pellaf y coridor hir ar y llawr cyntaf sydd i'w weld yn glir o'r ffordd fawr wrth yrru heibio'r BBC yn Llandaf. Does dim rheswm i gamu yno heblaw eich bod wedi cael gwahoddiad, ac wrth agor y drws mae pennau – dynion gan fwyaf – yn codi o'u desgiau i weld pwy sydd wedi mentro i mewn. Mae'r awyrgylch yn drwm gan 'fachismo' dynion sy'n treulio'u holl amser yn dilyn straeon am ddynion eraill – yn bennaf ar y cae rygbi a phêl-droed. Dyna pam roeddwn i bob amser mor ddiolchgar fod rhywun fel Tomos yno. Gyda gwên annwyl fyddai Tomos bob amser yn fy nghyfarch ac yn cynnig lloches i mi bob amser wrth ei ddesg. Yn gynnes groesawgar bob amser, yn hynod gyfeillgar, ac yn barod i roi o'i amser i sgwrsio. Roedd ei anwyldeb naturiol, a'i wên barhaus yn rhan o'i gymeriad mae'n rhaid, achos wnes i erioed ei weld e unrhyw ffordd arall. Braint i mi oedd cael talu ryw bwt o deyrnged gyhoeddus iddo. Bydd y swyddfa chwaraeon, heb os, yn dipyn tlotach heb ei wên ddidwyll ef.

[Talwyd teyrnged i Tomos gan Angharad Mair ar raglen S4C, Wedi 7]

A TRIBUTE WHICH APPEARED ON THE BBC SPORT WEBSITE

9 January 2009

A tribute to sports journalist Tomos Owen

By Huw Llywelyn Davies

The flag has fluttered at half-mast outside Broadcasting House in Cardiff for the past few days as BBC Wales mourns the loss of one of its brightest young talents, and a dear friend and colleague to so many.

Tomos Owen was just 31 when he finally lost his long and cruel battle against leukaemia, a battle he fought with great courage and dignity for over 30 months. Tomos was one of the world's nice people – the product of a solid Welsh-speaking, Nonconformist background, an upbringing that instilled in him the strong principles and standards that were such an integral part of his quiet, unassuming nature in later life.

Brought up initially in Cardiff, where he attended the Welsh medium junior school at Coed y Gof, he moved to Aberystwyth at a fairly early age when his father was appointed to a senior post at the National Library of Wales. And he flourished. He shone academically at Ysgol Penweddig, and he loved his sport.

He was a fierce competitor on the football field – surprising perhaps, for one of such a gentle nature – but his main passion was cricket. He was a very accomplished opening batsman, and reached many a 100 for the seaside town when he returned to bolster their batting in later years.

But a lesser-known fact perhaps was his prowess as a musician. He was a percussionist of some renown who banged the drums and crashed the cymbals with great enthusiasm for the youth orchestra of Ceredigion. He even ventured briefly into the world of pop music. But that didn't last. Somehow, it wasn't Tomos.

His academic career then brought him back to Cardiff, where he graduated with first-class honours in Welsh at the University of Wales. Journalism and broadcasting were already his chosen career, especially, if possible, in sport. He was accepted on to a postgraduate course in journalism at Bangor University, but had also in the meantime applied for a researcher's post within the Sports Department at the BBC, more in hope than anticipation.

But, to his great surprise and delight, he was offered the post straight from university, and it was in the summer of 1998 that we first met. He looked so young, especially to some of us old stagers who had been around the place for 20 years or more. But he quickly gained everyone's respect and admiration.

A consummate professional: unassuming, dedicated, talented and mature way beyond his years.

It was no surprise when he was elevated, within just three years, to the role of radio producer, at the ripe old age of 24, in charge of the Welsh language output of sport on Radio Cymru – a huge responsibility for one so young.

But he took it all in his stride, always loyal to the Welsh language, while his engaging smile, mischievous humour and warm personality ensured everyone always deemed it a great pleasure to work with Tomos.

He was passionate about his subject, his sporting knowledge vast and varied. And when allied to his flair and originality it always meant that the output from his studio would be interesting, fresh and exciting. Tomos was destined for great things within the broadcasting world. Sadly, it was not to be.

Next week, the flag will be hoisted back to its former position on top of the mast outside Broadcasting House in Llandaff. But somehow, I suspect that things will never again be quite the same inside the building.

Tomos Owen was a young man of great integrity. In 10 years of working with him I can honestly say that not once did I hear anyone have a bad word to say about him.

He was a special person. His life was cut short, cruelly short, but he certainly made his mark. We'll miss him greatly.

TRIBUTES DELIVERED AT THE FUNERAL

Edward Bevan:

Tomos Owen, who lost his brave and dignified fight against leukaemia on 4th January 2009, aged 31, was a much-respected and highly-talented member of the production team at BBC Wales and a dedicated supporter of Glamorgan Cricket.

Born in Cardiff and raised in Aberystwyth, Tomos joined the Corporation in 1998 after graduating with first-class honours in Welsh from Cardiff University. After spending three years as a researcher, he was appointed producer of the Welsh language sports programme *Camp Lawn*, and the sports quiz *Cant y Cant*. He had an exceptional talent and, had his life not been ended at a tragically early age, Tomos would have achieved great things in a job that he dearly loved.

Tomos liked all sports, but his first love was cricket, and had his broadcasting commitments allowed, Tomos would have graced the line-up of any leading club in Wales. He played for Aberystwyth when available, scoring stylish and effortless hundreds for the Ceredigion team, whilst when in Cardiff he played for Salem Chapel and Clwb Ifor Bach in the midweek leagues. Although he was unable to play during the past two years, he still continued his support of these teams by scoring and helping out in any capacity off the field.

For the past eight years, Tomos was also the producer of Radio Wales' cricket output, and he proved to be a great help to all of the commentary team over the summer months. Tomos was dedicated, loyal and the complete professional in everything he did. He was caring, kind and in the two and half years that he suffered from his illness, extremely brave. The last time he left his home in Cardiff before being re-admitted to hospital last autumn was to the Swalec Stadium where, on the final day of the 2008 season in Wales, he saw Glamorgan defeat Leicestershire to gain their first championship win at their headquarters for four years. Tomos was delighted and predicted that the county would improve after their lean spell.

His parents, Mary and Huw, brother Hywel, and cherished friend Yvonne are also loyal supporters of Glamorgan Cricket, and Tomos will be very much in their, and our thoughts, throughout the summer months. Appropriately, a plaque in memory of Tomos will be unveiled in the broadcasting box of the Media Centre at the Swalec Stadium at the start of the season – a fitting tribute to a much-loved colleague and friend.

[This tribute was published in the Glamorgan Yearbook, 2009]

Yvonne Evans:

The first time I met Tomos was when we were reading Welsh at Cardiff University. I remember Tomos as a conscientious student, very different to me! He told me once how he remembered me always arriving at the lectures about five minutes late and carrying a bright orange and black Nike rucksack on my back!

Years later, after graduating and whilst working for the BBC, I would often see him and chat with him in the canteen or in the corridor. It was while playing touch rugby that I came to know him better. We both played for "The Beeb" team. He was a very fast and talented player, so much so that he would run like a greyhound! I would often call him *'Milgi'* (Greyhound) and sing the well-known Welsh folk-song *'Milgi Milgi'* as he was about to dive for the line and score a try! We all remember Tomos as a very modest person, but secretly I think he was chuffed with his nickname!

It was during one league game and following a few heated words that I vividly remember feeling a certain attraction towards Tomos! He hadn't passed the ball to me although I had called to him to do so and as a result we lost possession. I told him a thing or two about how to pass the ball when the call was made. Tomos slammed the ball to the ground and threw back a few words of his own. He wasn't going to tolerate any nonsense from me, and rightly so! From that moment on my feelings grew towards 'Titw Tomos'. I'm greatly indebted to touch rugby! (Picture 21)

Tomos had many interests, including reading literature, poetry, listening to music, and especially sport. His passion for sport was obvious. For example, when we celebrated my birthday with friends in Cardiff a few years ago it didn't turn out to be a late night in the pub. Tomos had persuaded us that it was a great idea to go home early to watch the boxing fight between Joe Calzaghe and Jeff Lacy. My friends and I had such fun watching Tomos bouncing around the living room like Enzo Calzaghe the second and hearing him shout "Come on Joe!" at the television screen! We hear the term multi-tasking very often in the workplace these days but I can assure you that Tomos had been doing this for a long time before the term had even been published in the dictionary! That evening, while watching the boxing on the television, he was wearing an ear-piece and was listening to the commentary on the fight by John Ifans on Radio Cymru. Every now and again we would hear Tomos say, "Oh! John has just said yet another pearl – fantastic!"

Tomos always made me laugh, he had a very witty sense of humour. His punchlines would surprise me sometimes as they often came when you least expected them and they were also straight to the point! His humour never failed, not even in his gravely-ill state. Less than a fortnight before he passed away he was receiving numerous forms of pain relief. He received 'gas and air' as an addition to his pain relief and I will never forget asking him: "How was the 'gas and air'?" His answer was, "Oh good! But the baby didn't come!"

Last year I went to India with my family for a holiday and Tomos had the responsibility of looking after my house and keeping me informed about Welsh news! This was one of his first text messages and this is how it read:

"Shwmai! Thanks for your message yesterday. Glad to hear that everything is going well. The weather is miserable here. No news apart from Roy Noble having shaved his beard! Pob hwyl." Tomos always had his finger on the pulse! Whilst I was in India I didn't need to watch the sport bulletins on the BBC or Sky

Sports because Tomos Owen Sports News was available in an instant!

Here are his messages:

Bulletin 1 – A Welshman won the World Darts Championship last night! Ryan Jones is the new Wales Captain and Martyn Williams is back in the squad following his retirement!

Bulletin 2 – Dwayne Peel is to join Sale next season – no more rubdowns from Dennis! (Dennis, his father, is a physiotherapist.)

Bulletin 3 – Swansea – defeated in the Cup – shock!

One didn't need to depend on Google, use the dictionary or study the encyclopaedia because Tomos had all the important and relevant information.

Unfortunately, we do not have control over most things that happen in life. Our sporting heroes have time to prepare for what's ahead, but for the true heroes who face life-threatening illnesses there is no time for preparation. One way to cope with such an illness, as Tomos himself said, is to "get on with it". The way he dealt and coped with his illness was a testament to his character.

The illness struck suddenly in July 2006. I vividly remember him breaking the terrible news to me beside his hospital bed. He was a man of such inspirational spirit; he calmly told me the diagnosis and went on to say, "Don't panic!" He would often say this throughout his illness and despite his condition deteriorating not long before his death he still managed to bravely say "things could be worse". A day after the initial diagnosis he was moved to the Intensive Care Unit, while once again wearing his trusty ear-piece. This time he was listening to Edward Bevan's commentary on a Glamorgan cricket game. I remember him saying, "You'll never guess what's happened at Sophia Gardens! Edward Bevan has just described how the cricket ball has smashed the window of the media box! Oh, poor Edward!" This was Tomos's spirit as he faced a very difficult and uncertain night – this spirit gave me and his family strength. His hope and strength were like seeing a rainbow after a storm.

Nine months after the diagnosis of his illness he underwent a bone marrow transplant. The greatest gift that his brother could give him was a collection of his own bone marrow cells. The night before Tomos went into hospital, he was playing board games, and winning as usual! I'm glad to say that his competitive streak was as strong as ever! He was full of beans and in high spirits. Not once did he show any element of doubt or despair about what lay ahead of him. I vividly remember thinking that night, "Wow, this guy is truly amazing." His motto "Don't panic and get on with it!" came to mind. He spent his 30th birthday in isolation, in a special transplant room, yet he enjoyed the special occasion. His brave smile and mischievous laughter said it all when he saw me walking in, wearing a pink Fairy Godmother costume with large sequined wings and a glitzy wand in my hand! Poor Tomos, he also had to put up with a nutter in his life!

Despite the pain of his condition in the last few months of his life he still wrote a weekly sports article for the BBC Wales website and he also wrote book reviews. Some of you might not know that he was a runner-up in the essay-writing competition at the National Eisteddfod in Cardiff last year. The topic was to write an essay on any aspect of sport, a subject that came easily to Tomos! He was a talented writer and didn't need persuading to compete in the competition. He was trying to come to terms with the fact that the Eisteddfod was to be held on the cricket field in Pontcanna – this was something that was a sensitive subject to say the least! Another of his strengths was his graceful and grateful nature. He was always thankful for everything, for the love and care he received from his family and friends, for the greetings and get-well wishes he received, be it a text, a phone call or a card. He always had a keen interest in what his friends and other people were doing, and continued to maintain this, even in the week leading up to his death. One of the items that he treasured was the cap that Clive Rowlands presented to him at his first outside broadcast in the Six Nations Championship,

Scotland versus Wales in Edinburgh. This is a tradition for anyone who is working at an away venue for the first time. The cap is kept in a special place in Tomos's home.

Tomos had started to enjoy good health until quite recently but unfortunately he developed very serious side effects. He remained very dignified and dealt with his pain without any fuss. Not once did he ask "Why me?", not once was he angry with the situation and not once did he give up. His spirit was incredibly solid and hopeful. During the last few days in hospital he made sure that I switched on the television for him to watch the Scarlets rugby match. He read the newspaper from page to page and while taking his medication he asked me, "Hey, *Camp Lawn* is on now – switch it on please... turn it up!" (*Camp Lawn* is the Saturday sport programme Tomos produced for Radio Cymru.) Tomos remembered everything, nothing got past him, that was certain! He was a very considerate gentleman, as was evident in his last few days. When the doctor told him that the medical staff were intending to move him from the ward to a more private room, Tomos's response was, "That's a good idea. I don't like to disturb the other patients when I'm in pain, it's not fair on them." The hospital staff praised his bravery and were amazed at how he never complained about his situation. Tomos was a very kind and thoughtful gentleman, one who was a product of his family.

I count myself very lucky, like yourselves, to have known someone so special.

Tomos will always be a hero, and his rare spirit will live on forever.

[This is a translation of the tribute delivered at the funeral]

(Pictures 31, 32, 33, 34)

A TRIBUTE PUBLISHED IN *WALES ON SUNDAY* 18 JANUARY 2009

Angharad Mair

Farewell to talented Tomos, just 31

All funerals are sad – of course they are – but some are sadder than others. And one of the saddest occasions I can recall was on Thursday when practically everyone who had worked in the BBC Wales sports department in the past ten years and other colleagues from the BBC gathered together to pay their respects to one of the youngest and brightest sport producers, Tomos Owen.

Tomos was only 31 years old when he died at the beginning of this year after battling a long illness. I knew Tomos as the producer of the Radio Cymru sports quiz *Cant y Cant*. He was a really great person, a gentleman, always pleasant, polite, with a twinkle in his eye and a great sense of humour. He was one of those people that you were always really pleased to bump into, the kind of person who left you feeling better about yourself. He was also undoubtedly talented. He had to be since he was only in his twenties when he was chosen to produce the busy Radio Cymru sports show on Saturday afternoons.

It is my privilege to be able to publicly pay my respects to Tomos in this paper. But I also realise that my sadness, because I was fond of someone who has died at such a tragic young age, cannot compare to the grief felt by his family and his closest friends and colleagues, and to those who will miss him most I offer my most sincere condolences.

A SELECTION OF TRIBUTES BY HIS COLLEAGUES AT THE BBC

Nigel Walker, Head of Change and Internal Communications, Former Head of Sport:

Tomos was a wonderful man who was not only talented and gifted but an incredibly generous and thoughtful person. He will be missed, but certainly not forgotten.

Within BBC Wales hardly a day goes by without some reference to Tomos and his commitment and passion to and for Welsh sport. With the cricket season almost upon us, I'm sure the anecdotes will continue.

Geoff Williams, Head of BBC Wales Sport:

The consummate professional – diligent, dedicated and unassuming. His presence and expertise will be badly missed and I'd like to pay tribute to everyone who offered him support, encouragement and loving friendship during his long illness.

Lawrence Hourahane:

We all loved him, and working with him was always a pleasure. Nobody ever had a bad word to say about him, and I never heard Tomos say a bad word against anyone, not even the frustrating Glamorgan. He always thought the best of a situation, and we will always think the best of him. Good old Tomos!

Phil Steele:

He was simply a delightful man in all respects and greatly loved and respected by all who knew him. The way he bore his illness was also a great example to all – never giving up hope and always remaining cheerful and grateful for the support he received. It was quite simply a pleasure to have known Tomos and an honour to have worked alongside him.

Tributes to Tomos were also delivered by Jason Mohammed on Wales on Saturday *and by Graham Thomas on* Scrum V.

A SELECTION OF OTHER TRIBUTES

Tribute which appeared on the Aberystwyth Cricket Club website ·
http://aberystwyth.play-cricket.com/

Robin Varley (Llun 19)

Tomos Befan Owen

Many members will already know of the passing of one of
our most valued former members. Tomos Befan Owen died in
Cardiff on January 4 at the young age of 31. Tomos had fought
leukaemia valiantly for over two years and had seemed to have
won his battle, following a bone marrow transplant. However,
shortly before Christmas, Tomos's health finally deteriorated.

Members and former members attended his funeral on
Thursday, January 16. They have reported that there was a huge
attendance and many well-known figures in the broadcasting
and sporting world paid their respects to Tomos.

'Respect' is an oft-used word and often is misused. In Tomos's
case, there was no misuse – his work as a producer of Welsh
language sports programmes for the BBC had brought him into
contact with many famous people and their presence at Tomos's
funeral is testament to the regard with which he was, and still
is, held. Edward Bevan, in particular, detailed Tomos's many
qualities and much was said of his love of sport and particularly
of his interest in playing cricket for our club.

In Aberystwyth, we have always been aware that many
of our young, talented players are bound to make their lives
elsewhere once they have finished their education. Tomos,
having completed his education, took up a post as a researcher
for BBC Radio Cymru almost ten years ago, but he returned to
play cricket in Aber at every opportunity and usually managed
to squeeze in several games until he suffered his illness.

As a cricketer, Tomos will be remembered as a swift-footed
batsman, always looking to be positive: once his innings was
established, Tomos was a difficult player to bowl at. He was good
enough to have scored a couple of centuries for the Club. One
of these centuries was in July 2003 at Aberporth when, having

opened the batting, he batted throughout the innings to score 108 not out. I am pleased to say that I batted with him that day.

Tomos was one of that long line of young Aberystwyth cricketers who had attended Sunday morning nets and then gravitated to adult cricket. Tomos's wide-ranging interests and abilities always meant that we had to share him with lots of other people – but his smashing character ensured that any visit, however brief, was always welcome.

Extract from match programme, Aberystwyth Town v Bangor City on 24 January 2009

Tomos Befan Owen died on 4 January 2009 at the age of 31 after a brave and courageous fight against leukaemia for two and a half years. He worked as a sports producer for BBC Radio Cymru and Radio Wales. Due to work commitments he was unable to regularly watch Aberystwyth Town matches but he was an enthusiastic supporter of the team, and always ensured that the League of Wales was given coverage on the programmes which he produced. A keen cricketer who played for Aberystwyth Cricket Club, tributes have been paid to him on the club website, in the press and media including the BBC Wales website.

[A minute silence was observed before the game following the tribute by Dylan Griffiths on Camp Lawn*]*

Kazuya Morino, Shizuoka, Japan:

Tomos was, is and always will be a strong-willed, warm-hearted and energetic person to me.

A SELECTION OF NEWSPAPER EXTRACTS FROM THE FOLLOWING NEWSPAPERS

Gair Rhydd [Student Newspaper, Cardiff University] *The Cambrian News* and *The South Wales Echo.*

Cavalier Owen puts Brynamlwg to the sword

ABERYSTWYTH captain Anthony Evans won the toss and elected to bat on a superb batting track in very hot conditions.
As the Aberystwyth openers Gwydion Ab Ifan and Tomos Owen began their innings, little

Aberystwyth
beat Brynam
out) by 82 ru

West Wales Conference div one

Owen smashes an unbeaten century

Aberystwyth II (106 8)

CRICKET/ Lords West Wales Conference

Owen lifts Aber Seconds

LoW-key league left in shadows

FOOTBALL/ Despite having to struggle manfully in the shadows of both English football and Welsh rugby, the League of Wales is producing some good stuff, says **Tomos Owen**

SINCE ITS inauguration in 1992 the League of Wales has gone from strength to strength. Despite accusations that it is little more than glorified park football, the league is battling to live up to its standing as a national league comparable to that of other small countries in Europe.

The League of Wales was shrouded in controversy from the outset with teams such as Bangor, Caernarfon,

and Colwyn Bay (Unibond Premier) who remain as 'rebels' within the non-league English 'pyramid' system. Within time these clubs will inevitably join the League of Wales but the debate whether the three league clubs Cardiff, Swansea and Wrexham should join remains a contentious issue.

Barry at the moment are the only fully professional team in the league d are running away with everything offer to them (except the FAW vitation Cup. where they were feated by Mer t League of W

after defeating Bangor, one of the strongest teams in the league, 5-0.

They will now be awarded a place in the Champions League qualifying stages: last year they lost against Dynamo Kiev. The second and third placed teams in the league enter the UEFA Cup. Inter Cable-Tel, whose home ground is Leckwith Stadium, played against Celtic last year. The winners of the Welsh Cup proceed to the Cup Winners Cup. Successful clubs are therefore rewarded with the chance to test their wits against

The FAW Invitation Cup is a new venture launched this year in conjunction with BBC Wales who were anxious to fill the void left after the loss of the rugby television contract.

In the group stages Barry beat Swansea and Newtown drew with Cardiff which shows that the gap between the Nationwide League and the unsponsored League of Wales is not as wide as was initially perceived. Nevertheless the League of Wales was dealt a blow when the 'invincible' Barry lost to Merthyr at this year's final stage. This on the one efies th

should join the League of Wales but it also enhances the belief that Merthyr would be a challenge to Barry in the present one-sided League.

Growing interest and increased attendance figures are evident. Last year 2,743 watched a league game between Barry and Caernarfon and around 3,500 watched the game between Barry and Merthyr in the Invitation Cup at the beginning of March. Certainly some clubs can match the attendance figures of Scottish second and third division teams.

One of the great beauties of the League of Wales is its friendly atmosphere and loyal followers. One must be an ardent fan to make a round trip

One o

es is

WEST WALES CONFERENCE

It's easy as 123 as Owen is the star

TOMOS OWEN smashed a magnificent century for Aberystwyth, who maintained their challenge for the title in the Lords International West Wales Conference being held to a draw at Lampeter.
The brilliant Owen was unbeaten on 123, which included 13 fours and a five, and he shared in two sizeable partnerships with

Debutant hits ton

OPENER Tomos Owen marked his call-up for Lords International West Wales Conference title-chasing Aberystwyth by cracking a fine century against Lampeter, writes John Bridgwater.
The youngster earned his chance after hitting a ton for the second string the previous week
and repeated the feat for the senior

Owen's action replay

ABERYSTWYTH'S Tomos Owen produced another fantastic innings, following up his 123 not out against Brynamlwg with an innings of 122 not out against Lampeter - making it is second successive century.
Last Saturday's hundred included 14 fours with some fine shots all round

Family news

Keen musician and cricketer lost battle against disease

Sports fan everybody loved to work with

SPORTS journalist Tomos Owen was a highly respected and well-liked colleague to many at the BBC.

Brought up in Cardiff, he attended the Welsh medium junior school at Coed y Gof in Fairwater.

Journalist Tomos Owen has died, at the age of 31.

the drums and crashed the cymbals with great enthusiasm for the youth

mature way beyond his years.

So it was no surprise when he was elevated within just three years to the role of radio producer at the age of 24.

Being in charge of the Welsh lan-

Tomos was just 31 when he lost his long and cruel battle against leukaemia, a battle he fought with great courage and dignity for more than 30 months.

Last week, the flag at BBC Wales'

Auction raises money in memory of Tomos

by Lowri Davies
lowri@cambrian-news.co.uk

TRIBUTES have been pouring into the *Cambrian News* in memory of a popular Aberystwyth Cricket player who lost his battle with leukaemia at the young age of 31.

Tomos Befan Owen died on 3 January after suffering from the illness for two and a half years. And at present, donations to Leukaemia Research in his memory are in excess of £4,000.

Tomos, a BBC sports journalist, was a keen cricket player, playing for Aberystwyth in the West Wales Conference, returning from Cardiff to play for the teams whenever possible.

Robin Varley, long-serving member of Aberystwyth Cricket Club, said: "Tomos, having completed his education took up a post as a researcher for BBC Radio Cymru almost ten years ago, but he returned to play cricket in Aber at every opportunity and usually managed to squeeze in several games until

he suffered his illness.

"As a cricketer, Tomos will be remembered as a swift-footed batsman, always looking to be positive: once his innings was established, Tomos was a difficult player to bowl at. He was good enough to have scored a couple of centuries for the Club. One of these centuries was in July 2003 at Aberporth when, having opened the batting, batted throughout the innings to score 108 not out. I am pleased to say that I batted with him that day.

"Tomos was one of that long line of young Aberystwyth cricketers who had attended Sunday morning nets and then gravitated to adult cricket. His wide ranging interests and abilities always meant that we had to share him with lots of other people – but his smashing character ensured that any

visit, however brief, was always welcome."

Tomos also had strong connections with Talybont Cricket Club, whose members have raised over £350 for Leukaemia Research in memory of their fellow team-player. A signed Cardiff Blues rugby shirt was auctioned at their annual dinner on Saturday 10 January at the White Lion, Talybont.

Simon Margrave-Jones, Club Chairman, said: "Tomos played for us in the evening league, and his brother had also played for us in the past.

"He came to watch the club playing regularly - Tomos was a good guy who unfortunately got very ill. Talybont Cricket Club wanted to respect him and his family by giving the donation that we raised."

Please send your contributions to Aberystwyth Cricket Club Treasurer, Graham Bird at 7 George St, Aberystwyth, SY23 1QG or to Robin Varley at 14 Lôn Llewelyn, Waun Fawr, Aberystwyth SY23 3TP.

YSGRIFAU TOMOS

Lluniwyd y mwyafrif helaeth o ysgrifau yn yr adran hon gan Tomos yn ystod cyfnod ei waeledd, gyda'r un olaf a gyhoeddwyd ar wefan y BBC llai na thair wythnos cyn ei farwolaeth. Cyfeiria'r casgliad o doriadau at ysgrifau a ymddangosodd cyn ei salwch, ac un o'i gyhoeddiadau eraill oedd ei bortread yn *Cewri Campau Cymru* (gol. Alun Wyn Bevan, 2000, 147-149), o'i gyfaill, y cricedwr Don Shepherd, a oedd yn bresennol yn ei angladd.

CASGLIAD O DORIADAU YN CYNNWYS YSGRIFAU GAN TOMOS

Yr Angor; *The Swan*, rhaglen swyddogol Clwb Pêl-droed Dinas Abertawe; *Glamorgan Cricket Official Programme: Glamorgan Dragons v Surrey Lions*; *Glamorgan Cricket Yearbook*, 2005

Mae'r amser wedi cyrraedd unwaith eto! Amser cyhoeddi addunedau Blwyddyn Newydd sydd wedi dod yn draddodiad bellach gyda'r lleiafrif yn llwyddo i'w cadw - fel arfer y rhai hynny sydd dros bwysau a'r smocwyr trwm. Nid wyf i'n syrthio i un o'r categorïau hyn, felly addunedau wythnos gyntaf Ionawr fydd fy rhai innau eleni unwaith eto.

Gan fod nifer o athrawon Ysgol Penweddig yn byw yn nalgylch *Yr Angor* rheidrwydd felly yw addunedu fy mod am weithio'n gyson dros y flwyddyn sydd i ddod. Rwyf hefyd yn addunedu i barhau i fod yn deyrngar i'm gwlad ar y maes rygbi, hyd yn oed os na fyddant yn curo Lloegr yn Nhwickenham, ac ar y cae criced os na fydd Morgannwg mor llwyddiannus â'r llynedd.

Wrth sôn am ddatblygiadau lleol, gwych fyddai gweld Aberystwyth yn cael ei chynrychioli yng Nghwpan UEFA y tymor nesaf. Byddai hyn yn rhoi Aberystwyth ar y map yn Ewrop ac yn hybu economi'r ardal. Er nad yw'n debygol, hoffwn weld cysylltiadau ffordd a rheilffordd Aberystwyth yn cael eu gwella. Teimlaf fod y ffactor yma yn amddi-fadu Aberystwyth o'r cyfle i ddatblygu ym-hellach oherwydd ei lleoliad daearyddol. Mae Radio Ceredigion wedi bod yn llwyddiant eleni (a'r *Angor* eto fel arfer!) a dymunaf eu gweld yn parhau i adlewyrchu a gwasanaethu'r fro yn 1994.

Blwyddyn Newydd Dda i holl ddarllenwyr *Yr Angor*.
Tomos Owen   Blwyddyn 12

YR IAITH AR WAITH
gan Tomos Owen

"Croeso i Erddi Soffia". Dyna oedd y cyfarchiad ar yr uchelseinydd ar fore glawog ym mis Ebrill.

Oedd – 'roedd hi'n ddechrau tymor criced newydd! Dechrau hefyd ar ymdrech gan Glwb Criced Morgannwg i wneud defnydd amlwg o'r iaith Gymraeg. Roedd yr iaith ar waith, gyda arwyddion dwyieithog, erthygl Gymraeg yn y rhaglen a'r chwaraewyr yn cael eu croesawu i'r maes yn 'iaith y nefoedd'. Dyma oedd penllanw misoedd o drin a thrafod gydag unigolion fel Robin Williams, sy'n aelod o bwyllgor y sir, yn llafar yn eu brwdfrydedd dros bolisi dwyieithog, a Chadeirydd y clwb, Paul Russell yn amlwg yn ei gefnogaeth. Croesawyd y datblygiad gan gefnogwyr, a ysgrifennodd lythyrau di-ri at y Cadeirydd i ganmol y polisi, a gan ddilynwyr a chwaraewyr rhai o'r siroedd oedd yn wynebu Morgannwg, a oedd efallai yn profi ac yn sylweddoli am y tro cyntaf fod y Gymraeg yn iaith fyw a'u bod mewn gwlad ddwyieithog.

Profodd y tymor, nid yn unig yn drobwynt o ran yr agwedd ddwyieithog ond hefyd yn un hynod llwyddiannus ar y maes. Yr uchafbwynt, yn ddi-os, oedd ennill y Cynghrair Undydd ym Mae Colwyn. Roedd hi'n addas mai yn Llandrillo-yn-Rhos, ble clywir y Gymraeg yn cael ei siarad gan gynifer o gefnogwyr, y sicrhawyd y teitl ac mai'r Capten Robert Croft, sy'n gwneud cymaint dros hybu chwaraeon drwy gyfrwng y Gymraeg, oedd pensaer y fuddugoliaeth. Roedd hi'n addas hefyd mai Adrian Dale darodd yr ergyd i ennill y gêm a hynny yn ei dymor olaf dros y clwb. Ergyd bur ddi-nod i'r ffin oedd efallai yn nodweddu ei gyfraniad dros y blynyddoedd. Nid disglair ond effeithiol a bydd ei golli yn ergyd fawr i'r tîm.

Gall wythnos fod yn amser hir mewn gwleidyddiaeth. Ma'r un cyfnod yn gallu gweddnewid agwedd cefnogwyr pêl droed hefyd. Cymerwch Leeds Utd fel enghraifft – wythnos yn ôl 'roedd yn cael ei ystyried fel un o brif glybiau Uwch Gynghrair Lloegr. Bellach, clwb heb fawr o uchelgais yw Leeds, sy'n barod i werthu eu prif chwaraewyr i dalu dyledion.

Wythnos yn ôl, mae'n siŵr fod nifer o gefnogwyr Abertawe wedi pori yn yr atlas i ddarganfod ble yn union ma' Farnborough a Nuneaton. Fe wnaeth y clwb' hyd yn oed roi gwisg angladdol i'r chwaraewyr ar gyfer gêm Sadwrn diwethaf ac 'roedd y cyfryngau yn sôn am dranc y campau yn ninas Abertawe.

Wythnos yn ddiweddarach… pedwar pwynt yn ddiweddarach… ma' fflam gobaith wedi ei ailgynnau. Pan fo bociswr ar y rhaffau, dyna'r amser i ymladd nôl, yr amser i ddangos cymeriad, ac

mae'n ymddangos fod yr Elyrch, o'r diwedd, yn barod i frwydro dros eu dyfodol. Bydd Clwb Criced Morgannwg yn chwarae dwy gêm, yn Sain Helen dros yr haf. a pwy a ŵyr, efallai y gwnaiff clwb rygbi'r ddinas ennill gêm cyn diwedd y tymor ac o fewn 10 mlynedd bydd Thorpedo'r dyfodol wedi ei fagu yn Abertawe!

Tra bod llygedyn o obaith, rhaid cadw'r ffydd ac mae hynny'n dechrau heno yn erbyn Darlington. Os yw Abertawe am sicrhau eu lle yn y Drydedd Adran, dyma'r fath o gem y mae'n rhaid ei hennill. Does ond gobeithio na fydd y crysau duon newydd yn addas ar gyfer claddu'r Swans ddiwedd y tymor ac y bydd Farnborough a Nuneaton yn parhau yn drefi i'w gweld yn yr atlas; nid yn glybiau fydd yn yr un adran ag Abertawe.

Tomos Owen

Tomos Owen is Producer of BBC Radio Cymru's Saturday afternoon sports programme Camp Lawn.

FENNI, VIDI, VICI GAN TOMOS OWEN

Dydd Mawrth fe ddaeth y newyddion fod dewiswyr Lloegr wedi gwahodd Mike Powell i ymuno â'r garfan ar gyfer y gyfres undydd rhyngwladol. 'Roedd hyn yn dipyn o sioc i nifer, ond nid felly i aelodau o'r wasg a dderbyniodd gopi o lawlyfr y gystadleuaeth wythnos yn ôl oedd yn cynnwys manylion Mike Powell fel aelod o garfan Lloegr!

Mae dawn Mike Powell wedi bod yn amlwg o'i g®lm gyntaf dros y sir nôl yn 1997 ble sgoriodd ddau gant heb fod allan yn erbyn Prifysgol Rhydychen - y trydydd chwaraewr o 'Loegr' i gyrraedd y garreg filltir hon yn ei gem gyntaf. Ers hynny mae ei berfformiadau wedi bod yn gyson dda gyda'i ddawn naturiol yn rhyfeddu pawb sy'n gwylio. Llwyddodd Michael Powell i gael ei ddewis i gynrychioli t_m A Lloegr yn 2001 ond er siom i ddilynwyr Morgannwg, g_r o Swydd Warwick oedd y Michael Powell hwn!

Y chwaraewr diwethaf o Forgannwg i chwarae dros d_m undydd Lloegr yw Robert Croft. Fe chwaraeodd e' hanner cant o weithie mewn gemau undydd rhyngwladol a ma' fe'n hapus fod aelod o garfan undydd Morgannwg, sydd wedi gwneud cystal yn y gynghrair undydd eleni, yn cael ei gydnabod gan Loegr. "Fi'n hapus i weld Mike yn mynd mla'n i chwarae i Loegr. Ma' fe eisie chware criced rhyngwladol a 'ma fe wedi gweithio'n galed er mwyn cyrraedd y nod. Ma' fe'n siarad lot gyda chwaraewyr Lloegr a fi'n gwbod 'i

fod e'n ddigon cryf i ddangos beth ma' fe'n gallu gwneud".

Bydd Powell yn ddigon cyfarwydd ag oleiaf un o chwaraewyr Lloegr. Roedd e' a Geraint Jones, wicedwr Lloegr, yn chwarae dros glwb y Fenni yn ystod y nawdegau. Tybed faint o glybiau all frolio fod dau chwaraewr rhyngwladol wedi cynrychioli'r un dref ar yr un cyfnod?

Dros y blynyddoedd ma' chwaraewyr Morgannwg wedi cael eu trin yn annheg gan ddewiswyr Lloegr. Mae'n anodd credu, wrth edrych ar y ffigurau yn y llyfrau hanes, na chwaraeodd Don Shepherd ac Alan Jones mewn gemau prawf dros Loegr. Roedd cyfleoedd Steve Watkin, Mathew Maynard, Hugh Morris a Steve James hefyd yn brin. Y gobaith yw na fydd enw Mike Powell yn cael ei ychwangeu at y rhestr hon. Yr hyn sy'n amlwg yw fod digon o dalent yng Nghymru. Yn ôl capten Morgannwg Robert Croft "ni wedi dangos dros y blynydde ein bod ni'n dim cryf iawn ac os ni'n para i fod yn llwyddiannus fi'n siwr bydd lot fwy o dîm Morgannwg yn mynd ymlaen i chwarae i Loegr"

Ma' cefnogwyr y sir, wrth gwrs, yn ymfalchio yn llwyddiant chwaraewyr fel Mike Powell, ond ma'r ffaith eu bod yn cynrychioli Lloegr yn golygu fod Morgannwg yn colli gwasanaeth rhai o'u chwaraewyr gorau. Ond onid cyflenwi chwaraewyr i d_m Lloegr yw nod y siroedd? 'Sgwn i faint o gefnogwyr Morgannwg sy'n cytuno gyda hyn?

Y MAES

(Derbyniodd Tomos glod uchel, gan ddod yn agos at y wobr gyntaf, yn y gystadleuaeth Ysgrif ar unrhyw agwedd o fyd chwaraeon yn Eisteddfod Genedlaethol Caerdydd a'r Cylch 2008. Dywedodd y beirniad ei fod yn 'dynn ar sodlau' yr enillydd.)

Mae'r Eisteddfod yn tarfu ar ddiwylliant poblogaidd y brifddinas. Nid pawb, sy'n gwisgo gwisg wen pob haf, sydd yn falch o weld y jyncet flynyddol, chwedl Gwilym Owen, yn cyrraedd y brifddinas. Mae gweld y syrcas ddiwylliannol yn meddiannu caeau canol Caerdydd yn cael cymaint o groeso gan rai pobl â'r gêm polo flynyddol – achlysur arall sy'n tarfu ar ddiwylliant y brodorion. Mae'n siŵr mai fel hyn roedd Ifor Bach a'i griw yn teimlo 'nôl yn y ddeuddegfed ganrif wrth weld yr union dir hwn yn cael ei orchfygu gan y Normaniaid.

Byd dirgel yw byd gwŷr y wisg wen – gall unrhyw un ymuno, ac yn aml, does dim rhaid meddu ar ryw lawer o ddawn i wneud hynny, ond buan y daw rhywun yn gaeth i arferion cyfrin y llwyth arbennig hwn. Bydd y criw yn gorymdeithio'n ffyddlon yn eu gynau gwynion at yr orsedd, sawl gwaith yr wythnos, yn gosod y meini yn y tir, yn ymrafael am y gorau cyn heidio 'nôl yn wasaidd at fywyd beunyddiol y brifddinas cyn iddi nosi. Dyw clywed fod llwyth arall mewn gwisgoedd gwynion yn bwriadu tarfu ar hyn ddim yn plesio'r criw.

Caeau Pontcanna yw'r Maes – Maes yr Eisteddfod – ond Maes sydd wedi tystio i sawl ymryson cofiadwy yn y gorffennol fel cartref cynghreiriau criced lleol Caerdydd. Pob haf mae'r caeau yn gyforiog o wŷr yn eu dillad gwynion yn brwydro gydag arf, p'un ai'n bêl neu'n fat, yn eu dwylo. I eraill, rhaid aros yn eiddgar wrth faesu am gyfle i gyfrannu at y frwydr. Mae'r ymladdwyr o bob lliw a llun, o bob hil a chred ac o bob anian. Dyma Gaerdydd gosmopolitan, dyma 'Gymru a'r Byd', dyma 'Gymru'n Un'. Mae cyfran helaeth o'r chwaraewyr yn Asiaid balch – er mae'n siŵr mai Cymry ydynt o ran genedigaeth – Cymry sydd yn cyhoeddi i'r byd eu bod yn cynrychioli gwlad eu cyn-deidiau – Cardiff Asians, Asian Tigers, Gymkhana yw'r enwau sy'n britho'r cynghreiriau.

Ceir tîm o Iddewon, Cardiff Maccabi, sy'n ymhyfrydu yn yr hyn sy'n eu huno hwy. Ac yna i gwblhau'r darlun o ran lleiafrifoedd ethnig mae yna ddau dîm o Gymry Cymraeg!

Yn draddodiadol, mae un tîm o Gymry Cymraeg wedi bod yn fwy llwyddiannus na'r llall. Bu un tîm yn gystadleuol gyda goreuon y gynghrair tra bod y llall yn gwneud ei orau i fod yn gystadleuol gyda'r timau gwaethaf. Gellir neilltuo arwyddair answyddogol Eisteddfod yr Urdd i'r tîm hwnnw – y cystadlu sy'n bwysig, nid yr ennill. Cael criw at ei gilydd i fwynhau gêm a'r gwmnïaeth drwy gyfrwng y Gymraeg oedd y nod - medden nhw. Ond does neb yn mwynhau colli ac yn raddol mae'r tîm hwnnw wedi gwella ac oherwydd blerwch gweinyddol y tîm arall o Gymry Cymraeg (sy'n cynnwys ambell un sy'n gweithio i Lywodraeth Cynulliad Cymru!) mae'r ddau dîm bellach yn cystadlu yn yr un gynghrair. Os oeddech chi'n meddwl fod India yn erbyn Pacistan neu Loegr yn erbyn Awstralia yn gêmau tanllyd mae gweld dau dîm o Gymry Cymraeg yn ymrafael am oruchafiaeth ar Gaeau Pontcanna yn Dalwrn go iawn!

Dwy lath ar hugain sy'n gwahanu batiwr a bowliwr ar lain griced ond mae'r cyferbyniad rhwng y ddau sy'n mynd benben yng Nghynghrair Nos ardal Caerdydd yn gallu bod yn drawiadol. Ar y naill law ceir gŵr sydd wedi bod yn paratoi at y gêm y noson honno drwy yrru tacsi o amgylch y brifddinas, yn anelu pêl galed at ben diamddiffyn y gŵr sydd ar y llaw arall wedi bod yn ymlafnio drwy'r dydd i addysgu rhai o'n hieuenctid am ragoriaethau'r Cynfeirdd. Clywir, yn aml, aelod o un tîm sy'n gyfreithiwr, yn cael ei wawdio gan gyd-gyfreithiwr sy'n wicedwr i dîm arall. Mae cyfyngiadau i'r hyn ellir ei ddweud mewn llys barn ond mae modd i'r dafod fod yn finiocach ar faes criced. Bu aelod arall o'r tîm yn feirniad i gystadleuaeth y Goron yn yr Eisteddfod Genedlaethol un flwyddyn. Rai diwrnodau'n ddiweddarach roedd ar faes criced ble mae'n deg dweud na fyddai'r un o dîm y gwrthwynebwyr yn gwybod beth fyddai Awdl na Chynghanedd petai yn eu taro ar eu talcen. O leiaf maent yn gwybod beth yw Eisteddfod erbyn hyn!

Mae'n siŵr y bydd maes Eisteddfod Caerdydd fel pob prifwyl arall yn llawn o gynnen a checru. Mae Caeau Pontcanna wedi hen arfer â hynny! Asgwrn y gynnen yn amlach na pheidio yw penderfyniadau'r dyfarnwyr, sef aelodau o'r ddau dîm sy'n cymryd eu tro i geisio cadw trefn. A phan nad oes penderfyniad yn mynd o'ch plaid, y duedd naturiol yw i gwestiynu hygrededd yr un wnaeth y penderfyniad. Ofer, fel arfer, yw ymbil ar i ddyfarnwr sy'n chwarae dros y gwrthwynebwyr i roi un o'i gyd-chwaraewyr allan 'coes o flaen wiced', ond pan na ddyfernir fod cyd-chwaraewr wedi ei redeg allan a hwnnw lathenni o gyrraedd y nod, mae'r tensiwn a'r gwres yn codi i bwynt berw. Roedd tueddiad gan un o'r chwaraewyr, wrth ddyfarnu, i alw pêl gyntaf pob gêm fel pêl wallus – no ball – gan honni nad oedd y bowliwr wedi dynodi pa ddull yr oedd yn bwriadu ei ddefnyddio. Mae'n bosibl fod y rheol yn bodoli rhywle yng nghrombil isadrannau rheolau'r gêm ond roedd pob gêm yn dechre gyda chwerwder a chynnen – y dechrau perffaith i gyd-chwaraewr oedd ar ben arall y llain, gyda bat yn ei law, yn barod i wynebu bowliwr oedd yn ei gynddaredd yn barod i anelu pêl galed tuag ato. Dyfernir marciau am chwarae teg – prin y gwelir deg marc Gerallt Lloyd Owen yma!

Prin dafliad pêl griced o gaeau gwisg werdd Pontcanna mae archdderwydd o gae criced yn llawn rhwysg a rhodres. Mae'n sefyll yn falch yn ei ddillad crand newydd wedi iddo dderbyn gweddnewidiad diweddar – Soffia oedd yr enw – Swalec yw'r enw barddol newydd. Yma gwelir dyheadau'r genedl yn cael eu gwireddu neu eu dryllio. Dyma'r llwyfan, ac yma mae cartref newydd y Really Welsh Pavilion. Mae'n siŵr y bydd yna gystadleuydd ar gyfer y teitl hwn yn codi fel ffenics pinc ar Gaeau Pontcanna yn ystod yr haf. Hwn fydd am wythnos yn hawlio'r teitl fel y pafiliwn Cymraeg go iawn – ac eithrio un noson o Ladin! Cwmni sy'n arbenigo mewn cyflenwi cynnyrch Cymreig yw Really Welsh. Does ond gobeithio y bydd yr enw hefyd yn deilwng o egwyddorion Cymraeg y pafiliwn newydd.

Daw ffyddloniaid y gamp yn selog i wylio'u harwyr, er mai

cael eu siomi wnânt yn amlach na pheidio. Mae'r llwyfan wedi
ei osod ond anaml bydd yr actorion yn perfformio i safon uchel.
Mae'r rhesi a'r rhesi o seddau gwag yn edrych yn watwarus ar y
chwarae, gan roi'r argraff nad ydynt yn barod i godi o'u trwmgwsg
tan y daw drama safonol gydag actorion blaenllaw i berfformio.
Prin yw'r achlysuron hynny, ond pan ddaw'r diwrnod hwnnw,
bydd sylw'r byd ar y theatr genedlaethol.

Mae diddordeb obsesiynol rhai Cymry Cymraeg â'r gamp
– nifer ohonynt yn genedlaetholwyr pybyr – yn baradocs pur. Ni
cheir gêm mwy Seisnig ei hanian – does ond angen cerdded drwy
goridorau grym ar faes Thomas Lord yn St John's Wood, Llundain
i gael prawf o hynny. Yn draddodiadol, gêm y bonheddwyr
yw criced. Gêm y 'village green' bondigrybwyll, y brechdanau
ciwcymbyr ac wrth gwrs yr Ymerodraeth Brydeinig. Gwledydd
yr Ymerodraeth yn bennaf sy'n chwarae'r gêm – gwledydd megis
Pacistan, India ac India'r Gorllewin. Ond, yn y gwledydd hyn, gêm
y dyn cyffredin yw criced. Mae strydoedd yr India yn gyforiog o
blant yn defnyddio unrhyw beth sy'n ymdebygu i fat a phêl er
mwyn ceisio efelychu eu harwyr. Yn Lloegr, fodd bynnag, gêm
sy'n cael ei chysylltu ag annhegwch a diffyg cyfleoedd cyfartal
yw criced, felly pam fod cynifer o Gymry amlwg wedi gwirioni
ar y gêm?

Efallai bod modd cymharu'r apêl i honno sydd i'r canu
caeth. Mae'n rhaid deall y rheolau a'u cymhlethdodau i'w
gwerthfawrogi'n llwyr – mae'r gêm yn bodoli ar sawl haen
wahanol a gellir dadansoddi'r chwarae mewn amryfal ffyrdd.
Gall gêm undydd ddiddanu fel limrig neu englyn, ond gall gêm
brawf gael ei chwarae am ddiwrnodau bwygilydd gyda'r ddrama,
megis awdl, yn cael ei ddadlennu bob yn dipyn. Gellir rhyfeddu
at fanylder troadau'r gêm – sut y gall newid yn yr hinsawdd a
hyd yn oed ffurfiau'r cymylau oddi fry newid cwrs gêm. Treulir
oriau dirifedi mewn byd afreal, ble mae bywyd mor syml â ble
mae'r cyfan sydd o bwys yw'r ornest rhwng bat a phêl. Camp y
gymdeithas waraidd ydyw, ble y mae traddodiad a thegwch yn
cael eu parchu.

Go brin fod yna unrhyw beth gwaraidd am y chwarae ar Gaeau Pontcanna. Brwydr ffyrnig am oruchafiaeth sydd yma, Brwydr rhwng unigolion o wahanol haenau o gymdeithas yn daer i brofi pwynt, ar dân i greu argraff. Brwydr rhwng gwahanol dimau sy'n cynrychioli yr hyn sy'n bwysig iddynt hwy. Nid 'village green' mo Caeau Pontcanna ond llwyfan ddinesig y Gymru gosmopolitan. Dyma'r gyrchfan i'r orymdaith wythnosol i'r gwŷr yn eu dillad gwynion. Dyma faen llog y llwyth.

Ond mae yna lwyth arall yn bygwth tarfu ar y drefn. Dyw'r brodorion ddim yn hapus, a thybiwn i fod Ifor Bach yn cilwenu oddi fry wrth ail-fyw grym y goresgyniad. A oes heddwch? Tybed.

Ffugenw – Soffia

Cyfres o adroddiadau ar gêmau Tîm Criced Salem Treganna yn ystod Haf 2008 a luniwyd gan Tomos a fu'n gwylio'r tîm ac a fu'n aelod blaenllaw ohono cyn ei salwch. Cafodd yr adroddiadau eu cynnwys ar wefan y capel: www.capelsalem.org

12 Mai 2008, Cae'r Esgob, Llandaf
Salem v Brigâd Dân De Cymru
Salem yn ennill o 6 wiced

Fe ddechreuodd tymor Clwb Criced Salem gyda buddugoliaeth yn erbyn Brigâd Dân De Cymru. Gyda'r tywydd yn fendigedig a Chae'r Esgob yn edrych ar ei orau fe heidiodd tyrfa fawr i weld brwydr gyntaf y tymor.

Y Frigâd Dân fatiodd gyntaf ond buan y gostegwyd y fflamau gyda Hywel Owen yn cipio dwy wiced yn ei belawd gyntaf. Syrthiodd y wicedi yn rheolaidd gyda safon y maesu yn arbennig o uchel – daliadau campus gan Trystan Edwards ac un gan Ion Thomas ble plymiodd fel eog o Afon Tywi i ddal y bêl. Unwaith eto, gwelwyd perfformiad taclus gan Dai James fel wicedwr ac yntau newydd ddathlu pen-blwydd arbennig yr wythnos flaenorol. Wedi bowlio tynn gan Ian Derrick, Geraint Cynan ac Evan Morgan daeth y batiad i ben gyda'r Frigâd wedi sgorio 75.

Y tad a'r mab Cynan agorodd y batio gyda'r Ysbryd Glân yn gobeithio am bartneriaeth dda. Syrthiodd Dyfed yn gynnar ond llwyddodd Cynan Snr. i roi dechrau sefydlog i'r batiad (10). Daeth ei fatiad i ben ar amser anffodus gan fod y batiwr nesaf, Ion Thomas, yng nghanol mwynhau picnic a baratowyd gan ei wraig. Wedi taro un ergyd i'r ffin, roedd Ion 'nôl yn mwyhau'r danteithion yn ddigon buan. Roedd y *barmy army* ar y teras gorllewinol yn dechrau poeni, ond sicrhaodd Trystan Edwards (23) a Hywel Owen (19 h.f.a.) y fuddugoliaeth i Salem o chwe wiced gyda phum pelawd yn weddill.

Yn ôl capten Salem, Evan Morgan, "Rydym wedi curo Brigâd Dân De Cymru gyfan. Mae'n ddechrau gwych i'r tymor a rwy'n falch iawn o'r tîm."

19 Mai 2008, Cae'r Esgob, Llandaf
Salem v Amgueddfa Werin Cymru, Sain Ffagan
Salem yn ennill o 6 wiced

Y teulu Cynan oedd y sêr wrth i Salem ennill eu hail gêm o'r tymor. Cymerodd Geraint Cynan bedair wiced ym matiad yr Amgueddfa cyn i'r mab, Dyfed, sicrhau'r fuddugoliaeth gyda'r bat.

Sain Ffagan fatiodd gyntaf ond syrthiodd y wicedi yn gyson gyda Siôn Williams yn cymryd pedair wiced gynnar. Bowliodd Gwilym Boore yn dynn hefyd, tipyn o gamp o ystyried cyffro'r penwythnos yn Wembley. Yn ffodus, roedd dwylo maeswyr Salem yn fwy diogel na Peter Enckleman (gôl-geidwad Caerdydd) gyda daliadau da, allweddol. Cipiodd Geraint Cynan bedair wiced a llwyddodd Ian Derrick i gymryd dwy wiced yn ei ddwy belaw. Unwaith eto roedd Evan Morgan yn gyson gyda'i droelli, gyda'i dair pelawd ond yn costio 15 rhediad. Daeth batiad yr Amgueddfa i ben gyda'r sgôr ar 78 wedi 17.1 o belawdau.

Camodd batwyr agoriadol Salem i'r maes yn hyderus a gwelwyd partneriaeth dda cyn i Aled James golli ei wiced am wyth rhediad. Buan y dilynodd Dewi Rhisiart ac Ion Thomas cyn i'r tad a'r mab Cynan ddod at ei gilydd ar y llain. Tarodd Dyfed Cynan ergydion nerthol i'r ffin gan ddinistrio hyder y bowlwyr. Cafodd gymorth gwerthfawr gan ei dad a sgoriodd 8 rhediad. Yn anffodus daeth batiad Dyfed i ben gyda'r sgôr yn gyfartal a bu'n rhaid i Gwilym Boore gamu i'r bwlch i sicrhau'r fuddugoliaeth gyda phum pelawd yn weddill.

Roedd cefnogwyr Salem wrth eu bodd gyda llwyddiant y tîm ond siomedig iawn oedd y dilynwyr oddi cartref gyda rhai o swyddogion yr Amgueddfa yn bygwth cynnal ymchwiliad i'r hyn aeth o'i le.

Yn ôl capten llwyddiannus Salem, Evan Morgan, "Mae'r tîm yn perfformio'n wych ar y foment, ond bydd yr her fwyaf yn y gêm nesaf yn erbyn Athrawon y Fro sy'n dîm cryf. Gobeithio y bydd y tîm yn ymlacio dros gyfnod hanner tymor ac yn dychwelyd yn barod am y frwydr."

4 Mehefin 2008, Cae'r Esgob, Llandaf

Salem v Athrawon y Fro

Athrawon y Fro yn ennill o 6 wiced

Am yr ail dymor yn olynol dysgodd Athrawon y Fro wers i dîm criced Salem ond drama oedd y pwnc ar ddechrau'r noson.

Roedd pedwar tîm wedi cyrraedd Cae'r Esgob yn disgwyl chwarae gêm o griced ond wedi i Evan Morgan, gyda chymorth capten yr Athrawon Alun Jenkins, bledio'u hachos a phrofi mai hon oedd gêm fawr y noson, diflannodd y ddau dîm arall.

Athrawon y Fro fatiodd gyntaf ond Salem ddechreuodd orau wrth i'r bowlwyr agoriadol brofi llwyddiant. Cipiodd Hywel Owen dwy wiced gan ildio 13 rhediad tra cymerodd Siôn Williams un wiced am 20 rhediad. Ond yna gwelwyd cyn chwaraewr Salem, Rhydian Lloyd, (31) a G. Evans (30) yn ffurfio partneriaeth dda i roi cyfanswm o 116 yn eu deunaw pelawd. Cipiodd Evan Morgan un wiced am saith rhediad.

Roedd cyfanswm Athrawon y Fro yn gystadleuol a dechreuodd Salem yn dda gyda phartneriaeth dda am y wiced agoriadol rhwng Aled James (19) a Dyfed Cynan (18). Cyfrannodd Trystan Edwards 14 rhediad gyda'i fat handlen hir ond collwyd wicedi yn gyson wrth i nifer o fatwyr Salem gael eu rhedeg allan gan gynnwys y Gweinidog wnaeth ddim hyd yn oed wynebu pêl. Daeth y batiad i ben gyda Salem wedi sgorio 91 o rediadau.

Er y siom o golli'r gêm roedd capten Salem, Evan Morgan, yn ddigon bodlon gyda'r perfformiad. "Ro'dd hi'n gêm dda a llawer agosach na'r gêm llynedd ond roedd y digwyddiadau cyn y gêm wedi effeithio arnon ni." Datgelodd Evan hefyd fod dirgelwch diflaniad un o *stumps* Salem wedi taflu cysgod dros y noson.

9 Mehefin 2008, Cae'r Esgob, Llandaf

Salem v Crwys

Crwys yn ennill o 8 wiced

Bu cryn edrych ymlaen at y gêm hon a thyrrodd tyrfa dda i Gae'r Esgob i wylio'r frwydr ar noson hyfryd o haf.

Salem fatiodd gyntaf ond roeddynt yn fuan mewn trafferth wrth iddynt golli tair wiced gyda'r sgôr ond wedi cyrraedd naw rhediad. Unwaith eto Dyfed Cynan oedd yn arwain y ffordd a fe oedd angor y batiad drwy sgorio 33 rhediad. Cafodd gymorth gan ei dad Geraint Cynan (16), a Trystan Edwards oedd unwaith eto'n serennu gyda'i handlen hir. Daeth y batiad i ben gyda Salem wedi sgorio 121 o rediadau – cyfanswm digon cystadleuol mewn ugain pelawd.

Dechreuodd batiad y Crwys yn dda gyda'r tad a'r mab, Hywel a Maelor James, yn creu partneriaeth dda am y wiced gyntaf. Collodd Maelor ei wiced am 12 ond llwyddodd y tad ynghyd ag un o wynebau newydd tîm y Crwys, Rh Davies, i daro'r bêl i bob rhan o'r cae. Profodd Salem dipyn o anlwc wrth i Trystan Edwards ymddangos i fowlio Hywel James ond yn rhyfeddol ni syrthiodd y *bails* oddi ar y wiced. Tybed os oedd y Crwys wedi rhoi *Superglue* ar y wicedi? Cafodd Salem gyfle hefyd i ddal Rh Davies ond lloriwyd y daliad.

Cyrhaeddodd Crwys y nod gyda phedair pelawd yn weddill ac roedd siom Evan Morgan yn amlwg wrth iddo wrthod siarad gyda'r wasg ar ôl y gêm.

16 Mehefin 2008, Cae'r Esgob, Llandaf
Salem v Rhieni Pwll Coch
Salem yn ennill o 10 rhediad

Wedi colli'r ddwy gêm ddiwethaf, roedd Salem yn falch o allu cipio buddugoliaeth yn erbyn Rhieni Ysgol Pwll Coch. Ar noson hyfryd o fis Mehefin daeth tyrfa dda i Gae'r Esgob, nifer ohonynt yn cefnogi'r gwrthwynebwyr, i wylio'r ornest.

Salem fatiodd gyntaf ac unwaith eto gwelwyd partneriaeth effeithiol rhwng Aled James (17) a Dyfed Cynan (33). Dilynwyd hyn gan fatiad grymus gan Hywel Owen a sgoriodd 42 o rediadau cyn i'r batiad ddod i ben, gyda Salem wedi sgorio 143 yn eu ugain pelawd. Bowliwr mwyaf llwyddiannus Pwll Coch oedd S. Fisher a gipiodd ddwy wiced am dair rhediad.

Roedd Salem yn ymwybodol mai prif berygl Rhieni Pwll Goch oedd Tim Musgrave, gŵr sydd wedi sgorio cant yn erbyn Salem yn y gorffennol. Fe ddechreuodd yn dda ond collodd ei wiced wedi iddo sgorio 23 – Rhys Boore yn ei ddal coes o flaen wiced gyda'i bêl gyntaf. Gwelwyd partneriaeth dda rhwng S. Lord (40) a S. Fisher (46) ac roedd diweddglo cyffrous, ond roedd cyfanswm Salem yn ormod i'r rhieni a daeth eu batiad i ben ar 133. Cymerodd Rhys Boore ddwy wiced am 29 rhediad yn ei bedair pelaw a Geraint Cynan dwy wiced am 30 rhediad.

Gêm dda a Salem yn haeddiannol yn fuddugol. Roedd y capten, Evan Morgan, wrth ei fodd. "Roedd hwn yn berfformiad tîm, gyda phawb yn cyfrannu at y fuddugoliaeth. Rydym yn llawn hyder nawr wrth deithio i Benarth wythnos nesaf."

24 Mehefin 2008, Cae'r Old Penarthians, Penarth
Bethel, Penarth v Salem
Bethel, Penarth ennill o 16 rhediad

Cafwyd gwledd o griced ar faes criced Penarth wrth i Fethel guro Salem mewn gêm gystadleuol o safon uchel.

Bethel fatiodd gyntaf ac unwaith eto Dil Samuel oedd seren y tîm cartref wrth iddo fe fatio drwy gydol yr ugain pelaw am 52 rhediad. Cafodd gymorth gwerthfawr gan Gareth Davies (50) a fatiodd yn ymosodol cyn cael ei ddal yn acrobataidd gan Gethin Thomas ar y ffin. Dyma, heb os, un o'r daliadau gorau a welwyd yn hanes Clwb Criced Salem. Cyfrannodd Greg Morgan 10 rhediad a Rhydian Lloyd, yn chwarae ei ail gêm yn erbyn Salem y tymor yma, yn sgorio 14.

Bowliodd Hywel Owen ei bedair pelaw am ond 9 rhediad, a chymerodd John Morgan ddwy wiced yn hwyr.

Roedd Salem yn gweld eisiau'r batwyr agoriadol arferol, Dyfed Cynan ac Aled James, a syrthiodd y wicedi yn gyson yn eu habsenoldeb. Yr unig un i gyfrannu'n sylweddol oedd Gareth Owens a sgoriodd 28. Nid oedd y batwyr ymosodol Ion Thomas na Trystan Edwards ar gael chwaith ac er y gwelwyd cameo gan

1 Tomos, y batiwr ifanc, yn ei gartref yn Llandaf
Tomos, the young batsman, at his home in Llandaff

2 Y drymiwr ifanc
The young drummer

3 Tomos a'i frawd Hywel
/ *Tomos and his brother
Hywel*, Ysgol Gymraeg
Coed-y-Gof, Caerdydd

4 Dosbarth Ysgol
Gymraeg Coed-y-Gof,
Caerdydd, rhes gefn,
4ydd o'r chwith / *back
row, 4th from left*

5 Rhaglen deyrnged Griffith Jones, Salem, Treganna / *Salem Vestry, Canton, Cardiff,* 1983, 3ydd rhes, 3ydd o'r chwith / *3rd row, 3rd from left*

6 Ysgol Sul / *Sunday School,* Y Tabernacl, Aberystwyth, 1986, rhes flaen, ar y dde / *front row, on the right*

7 Tîm pêl-droed Beth-seilun *football team*, Aberystwyth, rhes gefn, ar y chwith / *back row, on the left*

8 Dosbarth Ysgol Penweddig, rhes gefn, ar y chwith / *back row, on the left*

9 Tîm pêl-droed Ysgol Gymraeg *football team*, Aberystwyth, rhes gefn, ar y chwith / *back row, on the left*

10 Seindorf Arian Aberystwyth, Neuadd Brangwyn, Abertawe / *Aberystwyth Silver Band, Brangwyn Hall, Swansea*, 1993

11 Tîm criced
    Ysgol
    Penweddig
    cricket team,
    Aberystwyth,
    1990, rhes
    flaen, 3ydd o'r
    chwith / *front
    row, 3rd from
    left*

12 Y darlledwr
    ifanc, stondin
    y BBC ar faes
    yr Eisteddfod
    Genedlaethol
    / *The young
    broadcaster on
    the BBC stand,
    National
    Eisteddfod*

13 Gwobr gyntaf,
Sylwebydd
y Flwyddyn,
Eisteddfod
Genedlaethol yr
Urdd / *First prize,*
Commentator
of the Year,
Urdd National
Eisteddfod,
Dolgellau, 1994

14 Y Teulu / *The Family*

15 Graddio Prifysgol
   Caerdydd /
   *Graduation, Cardiff
   University*, 1998

16 Batio, Clwb Criced
   Aberystwyth
   / *Batting,
   Aberystwyth
   Cricket Club*

17 Gwylio rygbi yn Nulyn / *Watching rugby, Landsdowne Road, Dublin*

18 Y Grŵp Cinio / *The 'Luncheon Club',* ar y dde / *on the right*

19 Clwb Criced Aberystwyth, Llanbedr Pont Steffan / *Aberystwyth Cricket Club, Lampeter,* 2000, rhes flaen, ar y dde / *front row, on the right*

20 Gêm griced flynyddol aelodau Salem, Treganna / *Annual cricket match, members of Salem, Canton,* 2004. Tomos a'i frawd Hywel, y capteiniaid / *Tomos and his brother Hywel, the captains*

21 Tîm rygbi cyffwrdd BBC Cymru / *BBC Wales touch rugby team*, 2005, rhes gefn, 5ed o'r chwith / *back row, 5th from left*

22 Cyfranwyr i'r cwis / *Contributors to the quiz*, Cant y Cant, Ynys Môn / *Anglesey*, Mai / *May 2006*, rhes gefn, ail o'r dde / *2nd from right*

24 Cap cyntaf dros Gymru / *First cap for Wales*, Murrayfield, 2003

23 Paratoi ar gyfer *Cant y Cant* yn yr Eisteddfod Genedlaethol *Preparing for* Cant y Cant *at the National Eisteddfod*, 2002

25 Tîm *Y Gamp Lawn* / *The* Camp Lawn *team*, 2005, ail o'r chwith / 2nd from left

26 Tîm pel-droed Media Wales / *The Media Wales team,* Rhagfyr /
December 2002, rhes flaen, ail o'r chwith / *front row, second from left*

27 Tîm rhwyfo'r BBC / *The BBC rowing team,* Mehefin / *June* 2006, ail
o'r dde / *second from right*

28 Ward Haematoleg, Ysbyty Athrofaol Cymru, Caerdydd / *Haematology Ward, University Hospital of Wales, Cardiff*

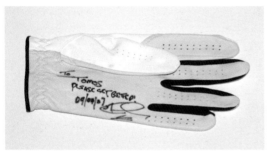

29 Maneg golff a arwyddwyd gan / *Golfing glove signed by Joe Calzaghe*, 9 Ebrill / *April 2007*

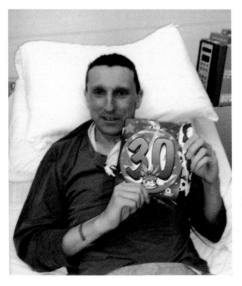

30 Pen-blwydd yn 30 oed mewn Ward Arwahaniad, YAC, Caerdydd / *30th birthday in an* Isolation Ward, UHW. Cardiff, 8 Ebrill / *April* 2007

31 31 Hydref /
    31 October
    (Calan Gaeaf /
    Halloween) 2006:
    Wedi tri chwrs
    cemotherapi,
    yn rhannu
    jôc /*Following*
    three courses of
    chemotherapy,
    a joke shared
    despite the two
    having a 'bad
    hair day'!

32 Dydd Nadolig
    / *Christmas*
    Day, 2006:
    Wedi cwblhau
    triniaethau
    cemotherapi,
    cyfnewid
    anrhegion /
    chemotherapy
    treatment
    completed,
    exchanging gifts

33 Stadiwm y
    Mileniwm, gêm
    rygbi, Cymru
    v Yr Eidal /
    Millennium
    Stadium,
    Wales v Italy,
    23 Chwefror /
    February 2008

34 Tomos ac Yvonne, Bwyty yn Llandaf / *Restaurant in Llandaff*, 17 Tachwedd / *November* 2007

35 Dathlu pen-blwydd Tomos yn Y Mochyn Du, Caerdydd /*Birthday Celebrating Tomos's birthday at Y Mochyn Du, Cardiff*, 8 Ebrill / April 2008

36 Dathliad pen-blwydd teuluol / *Family birthday celebration*, 20 Medi / *September* 2008

John Morgan (14) daeth y batiad i ben gyda Salem wedi sgorio 122 gan golli 8 wiced yn eu ugain pelawd. Un nodyn anffodus oedd anaf i goes Dewi Rhisiart ac roedd cryn bryder ymhlith y tîm ynglŷn ag oblygiadau hyn i'w ymarferion Dawnsio Gwerin cyn yr Eisteddfod Genedlaethol.

Gyda'r ddau dîm wedi rhoi o'u gorau roedd gwledd wedi ei baratoi yn y clwb ar eu cyfer. Yn ôl Evan Morgan, "Mae wedi bod yn gêm dda, wedi ei chwarae mewn ysbryd da ac mae'r croeso wedi bod yn gynnes yma ym Mhenarth."

30 Mehefin 2008, Cae'r Esgob, Llandaf
Salem v Pobol y Cwm
Pobol y Cwm yn ennill o 7 rhediad

Roedd disgwyl tipyn o ddrama yn erbyn actorion *Pobol y Cwm* a dyna a gafwyd ar noson heulog o haf ar Gae'r Esgob.

Pobol y Cwm gamodd i'r llwyfan i fatio gyntaf ac yn fuan roeddynt mewn trafferth, yn colli pum wiced gyda dim ond 21 o rediadau wedi eu sgorio. Siôn Williams oedd yn bennaf gyfrifol am y difrod gan gipio pedair wiced am 12 rhediad yn ei bedair pelawd. Cafodd gymorth hefyd gan John Morgan a gymerodd un wiced am 11 rhediad yn ei bedair pelawd yntau. Roedd hi'n ymddangos y byddai pawb gartref i wylio pennod y noson honno o *Bobol y Cwm* ond buan y newidiodd pethau.

Llwyddodd Gareth Skelding i sicrhau angor i'r batiad a chafwyd cyfraniadau gwerthfawr gan Rhys ap Wiliam (23) a Rhys Bidder (16 h.f.a.). Ond seren y noson oedd Ian Weighley – enw anghyfarwydd i ddilynwyr y gyfres. Cafodd ei lorio yn y maes pan oedd ar saith rhediad ond yna gwelwyd batiad ymosodol ganddo wrth iddo daro'r bêl i bob rhan o'r cae yn ei sgôr o 51 h.f.a. Cymerodd Hywel Owen ddwy wiced hwyr i ddod â batiad Pobol y Cwm i ben ar 115.

Unwaith eto sicrhaodd Dyfed Cynan ddechrau cadarn i'r batiad wrth iddo sgorio 18 rhediad a chafodd gymorth nodedig gan Gwilym Boore a sgoriodd 25. Syrthiodd y wicedi yn gyson ond

81

roedd Salem yn agosáu at y nod. Bowliwr mwyaf llwyddiannus Pobol y Cwm oedd Mark Flanagan a gipiodd dair wiced am 16 rhediad.

Roedd angen 22 o rediadau oddi ar y ddwy belawd olaf ond wedi pelawd dda gan seren y gêm Ian Weighley doedd pethau ddim yn argoeli'n dda. Ond tra bod Evan Morgan wrth y llain roedd gobaith, a gwelwyd y gweinidog yn taro'r bêl yn nerthol i'r ffin ac yn rhedeg yn effeithiol rhwng y wicedi. Sgoriodd Evan 12 h.f.a. ond daeth batiad Salem i ben wedi sgorio 108 – saith rhediad yn brin o gyfanswm Pobol y Cwm.

Siom i Salem ac i'w capten Evan Morgan: "Roedd hi'n gêm dda, agos ond fe'n trechwyd gan un dyn heno. Mae ganddo gysylltiadau gyda Salem felly bydda i'n ceisio ei arwyddo fel chwaraewr Kolpak ar gyfer y dyfodol."

14 Gorffennaf 2008, Cae'r Esgob, Llandaf
Cornithiaid v Ffilistiaid (Llun 20)
Corinthiaid yn ennill o 8 rhediad

Daeth tyrfa fawr ynghyd ar Gae'r Esgob i weld gêm olaf y tymor rhwng dau dîm o chwaraewyr Salem – y Corninthiaid yn erbyn y Ffilistiaid.

Roedd criw da o gefnogwyr wedi ymgynnull ar y glaswellt o flaen yr Eglwys Gadeiriol gyda'u picnics ond roedd eu sylw wedi hoelio ar y criced o'r eiliad gyntaf hyd yr olaf.

Y Corinthiaid fatiodd gyntaf a gwelwyd partneriaeth agoriadol o 85 rhediad rhwng Rhydian Lloyd (42 h.f.a.) a Dyfed Cynan 33. Wedi i Rhydian Lloyd, oedd eisoes wedi bod yn rhan o ddau dîm sydd wedi curo Salem y tymor hwn, ymddeol daeth Gwilym Boore i'r llain gan sgorio 11. Yna plesiwyd y cefnogwyr gan ymddangosiad hir-ddisgwyliedig Prys Dafydd i'r llain – y batiwr profiadol yn taro 15 heb fod allan. Rhaid nodi hefyd gyfraniad Evan Morgan fel wicedwr – ai dyma'r ateb i dîm Lloegr gyda Tim Ambrose yn tangyflawni ar hyn o bryd? Daeth y batiad i ben gyda'r Corinthiaid wedi sgorio 133 am ddwy wiced.

Gyda'r awyr yn dechrau tywyllu, dechreuodd batiad y Cornithiaid yn ddigon addawol gydag Aled James (15) a Gareth Owen (34) yn serennu. Tarodd Gareth 'Napier' Owen sawl ergyd nerthol dros y ffin gan gynnwys un ergyd ble roedd hyd yn oed rhaid i'w dîm ei hunan rhedeg am gysgod. Gwelwyd bowlio cywir gan Ashok, Hefin, Emyr, Rhydian a Hywel ond hefyd tystiwyd i un o'r pelawdau hiraf yn hanes y gamp wrth i Ion Thomas fowlio cyfres o beli llydan – digwyddiad a berodd i'r cefnogwyr ddangos eu hanfodlonrwydd gyda chlapio araf.

Er ymdrech lew gan Gethin Thomas (21 h.f.a.) ac Evan Morgan (11) daeth batiad y Ffilisitiaid i ben ar 125 – wyth rhediad yn brin o'r nod.

Hywel Owen, capten y Corinthiaid, gafodd y fraint o godi Cwpan Nicodemus ond rhaid canmol y Ffilistiaid dan gapteniaeth Geraint Cynan am eu perfformiad hwy. Wrth edrych 'nôl ar y tymor roedd capten Salem, Evan Morgan, yn fwy na bodlon. "Ry'n ni wedi bod yn ffodus iawn gyda'r tywydd, wedi mwynhau nifer o gêmau cofiadwy ac mae heno wedi bod yn uchafbwynt arbennig i'r tymor."

Adolygiad cyfrol ei gyfaill, Ray Gravell Grav: *Yn Ei Eiriau Ei Hun* a olygwyd gan gyfaill arall, Alun Wyn Bevan, ac a gyhoeddwyd yn *Y Goleuad*, wythnosolyn Eglwys Bresbyteraidd Cymru ar 9 Ionawr, 2009, ychydig ddyddiau wedi marwolaeth Tomos.

AM LYFR

Gan Tomos Befan Owen, Caerdydd

Grav : Yn Ei Eiriau Ei Hun; gol. Alun Wyn Bevan, Gwasg Gomer, ISBN 978 1 84323 886 7, tt.264. Pris: £14.99

Flwyddyn wedi marwolaeth annhymig Ray Gravell dyma glamp o gyfrol sy'n deilwng o'r cawr o gymeriad. Mae'n gyfrol swmpus, yn llawn lluniau lliw trawiadol ac yn gofnod pwrpasol o fywyd un o bersonoliaethau mawr y genedl.

Rhennir y gyfrol yn ddwy ran. Yn y gyntaf ceir detholiad o hunangofiant 'Grav' a gyhoeddwyd 'nôl yn 1986 ac a ysgrifennwyd ar y cyd â Lyn Jones. Mae'r ail ran yn cynnwys pytiau o sgyrsiau radio a theledu, llythyron a cherddi yn y cyfnod wedi hynny. Mae'n bosib y bydd ambell un yn prynu'r llyfr heb sylweddoli fod cyfran helaeth o'r cynnwys yn ddetholiad o'r hunangofiant gwreiddiol a gallai hyn beri siom i rai. Fodd bynnag, mae'r darn hwn yn creu cyfanwaith i'r gyfrol ac yn gefndir gwbl allweddol i'r ail ran.

Mae teitl y gyfrol *Grav: Yn Ei Eiriau Ei Hun* yn addas gan mai gŵr y geiriau oedd Grav. Roedd yn gyfathrebwr heb ei ail, bob amser yn mynegi ei hun yn groyw ac yn ddiffuant. Er yn actor llwyddiannus, nid gŵr i ddilyn sgript neu *autocue* ydoedd. Byddai'n llawer gwell ganddo siarad o'r galon. Pan fyddai'n cael gwahoddiad i draethu'n gyhoeddus, yn amlach na pheidio fe fyddai'n poeni am yr hyn fyddai'n ei ddweud ac a fyddai'n llwyddo i blesio'r gynulleidfa. Yn ddi-ffael nid oedd angen iddo boeni gan fod y gallu gan Grav i ddiddanu a chyffwrdd â'i gynulleidfa yn huawdl, a hynny drwy ei bersonoliaeth gynnes heb lawer o waith paratoi o flaen llaw.

Tra'n gweithio yn Adran Chwaraeon BBC Cymru rwy'n cofio gofyn i Ray recordio dyfyniad ar gyfer agoriad rhaglen radio cyn gêm rygbi rhwng Cymru a Lloegr. Cyn dechrau recordio roedd Ray am i fi ddweud y gair 'action' gan ei fod yn teimlo ei fod yn ymateb yn well wedi clywed y gorchymyn hwn! Wedi llefaru'r gair 'action' fe ddaeth y dyfyniad "Ma hon yn bersonol" o'i enau. Dim ond pedwar gair, ond geiriau oedd yn crynhoi'n berffaith yr hyn oedd gêm yn erbyn yr hen elyn yn ei olygu iddo. Roedd cyn-chwaraewyr eraill wedi cynnig brawddegau digon derbyniol ond roedd geiriau Grav yn taro deuddeg ac roedd hi'n amlwg fod dyfnder yn y dweud. Dyma Grav 'yn ei eiriau ei hun' ar ei orau ac enghreifftiau tebyg sy'n ymddangos drwy gydol y gyfrol hon.

Roedd y gallu arbennig gan Grav i grynhoi ei deimladau ac roedd ei iaith bob amser yn safonol ac yn llifo'n naturiol. Mewn nifer o hunangofiannau defnyddir ieithwedd dafodieithol yn frith o eiriau Saesneg er mwyn cyfleu ieithwedd y person dal sylw. Doedd dim angen gwneud hyn gyda Grav gan ei fod yn ymhyfrydu yng nghywirdeb ei iaith ac mae'r iaith yn y gyfrol drwyddi draw yn bleser i'w darllen.

Yn rhan gyntaf y gyfrol cawn hanes y dylanwadau mawr fu ar ei fywyd: Carwyn James, Delme Thomas a'r ymgeleddwr Bert Peel o'i gyfnod ar Barc y Strade ac wrth gwrs Dafydd Iwan. Ond yr hyn sy'n gysgod dros y cyfan yw marwolaeth drasig ei dad a gyflawnodd hunanladdiad pan oedd Ray yn blentyn. Trwy gydol y gyfrol cyfeiria 'nôl at y digwyddiad ac at sut effeithiodd hyn ar ei fywyd. Cyfeiria'n gyson at sut fyddai ei dad wedi ymateb i ddigwyddiadau nodedig yn ei fywyd pe byddai'n dal yn fyw. Does dim amheuaeth y byddai ei dad wedi bod yn falch iawn o lwyddiant ei fab ar y cae rygbi ond hefyd, yn bwysicach efallai, fel dyn teulu ac fel personoliaeth gwbl arbennig.

Roedd Ray wedi bwriadu ychwanegu at yr hunangofiant gwreiddiol ond wedi ei farwolaeth sydyn yr hyn a gawn yn yr ail ran yw detholiad o sgyrsiau a dyfyniadau yn ystod y cyfnod 1987-2007. Mae'n bosib fod y dull hwn yn gweddu'n well gan y ceir llai o ffeithiau a mwy o gyfle i glywed 'Grav yn ei eiriau ei hun'.

Y dyfyniad cyntaf yw un a recordiodd ar gyfer eitem ar raglen deledu *Wedi 3* o dan y teitl 'Yn ei Gynefin'. Cyfeiria Ray at ei gartref yn Mynydd-y-garreg sy'n "afallon, yn hafan, mae'n baradwys". Sonia hefyd at Gapel Horeb yn y pentref ble "mowldiwyd cymeriade a phersonoliaethe Cymry'r gorffennol a gobeithio fod hyn yn wir ar gyfer y presennol a'r dyfodol". Dywed pa mor falch ydoedd fod Mari a'r plant Manon a Gwenan yn mynd i'r capel a'i fod ef yn mynychu'n achlysurol. Roedd cymuned yn bwysig i Ray ac mae'n cydnabod cyfraniad y capel i wead y gymdeithas.

Ceir penodau hefyd am ei yrfa fel actor, yn Geidwad y Cledd yn seremonïau'r Orsedd ac fel darlledwr. Pennod gofiadwy yw honno sy'n sôn am ei ffrind agos, y diweddar Dafydd Rowlands, yn rhoi fel anrheg, gopi o'r bryddest a enillodd iddo Goron Eisteddfod Sir y Fflint, 1969. Cerdd ydyw sy'n sôn am berthynas y bardd a'i fab Geraint, a fu am flynyddoedd yn cydweithio'n agos gyda Ray ym myd darlledu. Gellir teimlo Ray yn ail-fyw ei berthynas ef a'i dad ei hun drwy gyfrwng y gerdd hon:

"Dere, fy mab,
yn llaw dy dad,
a dangosaf iti'r glendid
sydd yn llygaid glas dy fam".

Cyfrol i godi gwên a thynnu deigryn yw hon – dau o nodweddion cymeriad Grav ei hun. Mae'r golygydd, Alun Wyn Bevan, wedi llwyddo i greu cyfanwaith o destun oedd eisoes wedi ei gyhoeddi a deunydd newydd, diweddar. Ym mis Awst cyhoeddwyd fod Ray Gravell wedi dod i'r brig mewn pleidlais a drefnwyd gan Gynulliad Cenedlaethol Cymru ar gyfer hoff berson y genedl. Mae'r gyfrol hon yn deilwng o'r cymeriad arbennig hwn ac yn un y gall rhywun fod yn falch o'i gael ymhlith ei gasgliad llyfrau.

[Mewn neges wedi iddi glywed am farwolaeth Tomos dywedodd Mari Gravell am Ray: 'Roedd ei barch a'i gariad tuag at Tomos yn ddiddiwedd.']

Cyfres o ysgrifau gan Tomos, dan y pennawd 'Wythnos Gron', a ymddangosodd ar wefan BBC Cymru'r Byd yn ystod y cyfnod 31 Mawrth-15 Rhagfyr 2008

Wythnos gron
31 Mawrth 2008
gan Tomos Owen, Cynhyrchydd Adran Chwaraeon BBC Cymru

Efallai mai capiau cyntaf Glyn "Boaz" Myhill ac Owain Tudur Jones hoeliodd y penawdau yn ystod yr wythnos, ond roedd cap cyntaf Ashley Williams, ac yna'r newyddion ei fod wedi arwyddo ar fenthyg i Abertawe tan ddiwedd y tymor, yn arwyddocaol i bêl-droed Cymru. Mae John Toshack eisoes wedi sôn ei fod yn bryderus am sefyllfa anafiadau Danny Gabiddon a James Collins a'r gwendid amlwg yn safle'r cefnwr canol i Gymru. Mae'r un gwendid yn amlwg ar y funud yn nhîm Abertawe gyda Gary Monk wedi'i anafu a pherfformiadau diweddar yn awgrymu fod angen cryfhau'r amddiffyn.

Go brin y gallai unrhyw Gymro hawlio eu bod yn gwybod rhyw lawer am Ashley Williams cyn dechrau'r wythnos hon. Roedd ei berfformiad i Gymru yn erbyn Lwcsembwrg yn ddigon addawol gyda Nic Parri yn ystod ei sylwebaeth ar S4C yn ei gymharu i Paul Ince. Ond mae adroddiadau amdano yn rhai cadarnhaol. Enillodd wobr chwaraewr y flwyddyn Stockport y llynedd, cyn cael ei enwi'n gapten y clwb. Fe wnaeth Luton Town gynnig £500,000 amdano y llynedd ac yn ddiweddar enillodd wobr chwaraewr gorau gogledd-orllewin Lloegr gan guro'r holl dalent sy'n cynrychioli clybiau mawr y rhanbarth fel Manchester United a Lerpwl – tipyn o gamp!

Os gwireddir yr addewid amlwg, fe fydd yn gaffaeliad i Gymru ac i Abertawe. Fe fydd hefyd yn braf i Abertawe allu hawlio fod yna Gymro arall yn aelod o'r tîm cyntaf. Ddechrau'r tymor, roedd mwy o Sbaenwyr nag o Gymry yn nhîm Abertawe, ac roedd Roberto Martinez yn ddigon gonest i gydnabod bod hon yn sefyllfa oedd angen ei newid. Bellach, gyda dyfodiad Ashley Williams, Owain Tudur Jones yn dychwelyd o anaf, ynghyd â pherfformiadau achlysurol gan Kristian O'Leary a'r Cymry ifanc Joe Allen a Shaun McDonald, mae'r sefyllfa yn edrych yn iachach o lawer.

Mae sefyllfa Caerdydd o ran rhoi cyfle i Gymry yn ddigon boddhaol gyda Joe Ledley, Paul Parry ac Aaron Ramsay yn ymddangos yn rheolaidd a nifer o ieuenctid fel Darcy Blake yn cael cyfle, heb sôn am gyfraniad y clwb wrth feithrin Chris Gunter cyn iddo symud i Tottenham. Y clwb sydd wedi cynnwys y nifer fwyaf o Gymry dros y tymhorau diwethaf yw Wrecsam, ond mae'n siŵr y byddai cefnogwyr y clwb a dilynwyr pêl-droed yng Nghymru yn ddigon bodlon gweld chwaraewyr o unrhyw wlad yn sicrhau'r pwyntiau fyddai'n gweld y Dreigiau yn aros yn yr Ail Adran.

Y nod yw sicrhau fod cynifer o Gymry â phosib yn chwarae ar

lefel uchel o bêl-droed er mwyn rhoi dewis gwirioneddol i John Toshack pan ddaw hi'n amser iddo ddewis carfan ryngwladol. Efallai bod Neville Southall o'r farn mai gêm ddibwys oedd honno yn Lwcsembwrg, ond gobeithio mewn rhai misoedd y gwelwn y tri chap newydd yn serennu i Gymru. Hefyd, y bydd Ashley Williams yn hoelio'r penawdau wrth iddo gael ei wobrwyo fel chwaraewr gorau de-orllewin Cymru wedi iddo sicrhau dyrchafiad gyda chlwb Abertawe!

Wythnos gron

7 Ebrill 2008

Roedd y llwyfan wedi ei osod – un o'r penwythnosau mwyaf arwyddocaol yn hanes chwaraeon yng Nghymru – ond roedd mwyafrif yr actorion heb ddarllen y sgript. Roedd pethau'n edrych yn dda dydd Sadwrn tan tua chwarter i bump. Abertawe ar y blaen, Doncaster yn colli, y ddau ganlyniad fyddai'n sicrhau dyrchafiad yr Elyrch i'r Bencampwriaeth. O fewn pum munud roedd y cyfan wedi trawsnewid – dwy gôl i Bournemouth o fewn yr amser oedd yn cael ei ganiatáu am anafiadau a Doncaster yn sicrhau gêm gyfartal yn erbyn Huddersfield. Oedd, roedd hi'n siom, ond daw cyfle arall i Abertawe a'u cefnogwyr.

Nid felly i McKelvey – ceffyl yr hyfforddwr o Gasnewydd Bach, Sir Benfro, Peter Bowen. Roedd clywed y newyddion fod y ceffyl wedi ei ddifa wedi cwymp yn ras y Grand National yn brawf pellach o berygl y ras arbennig hon. Bellach cawn ar ddeall fod y joci Mick Fitzgerald, enillydd y ras yn 1996, wedi cael llawdriniaeth ddifrifol ar ei gefn wedi iddo ef gwympo oddi ar y ceffyl L'Ami b'nawn Sadwrn. Ydi, mae'n ras sy'n dal y dychymyg, ond mae hefyd yn gallu bod yn un all beri niwed i geffyl neu joci.

Unwaith eto, roedd gêm Wrecsam yn un oedd yn rhaid ei hennill, unwaith eto fe'n siomwyd ond o leiaf fe sicrhawyd pwynt. Tra'i bod hi'n fathemategol bosibl i aros yn yr Ail Adran roedd dal gobaith, ond pan gyhoeddodd Meilir Owen, un o'r arbenigwyr sydd fel arfer yn gweld y cwpan yn hanner llawn, ar Radio Cymru fod Wrecsam i lawr, roedd pethau'n edrych yn ddu. Roedd Meilir wedi gweld y gêm ar y Cae Ras ac wedi methu gweld un brycheuyn o obaith yn y perfformiad. Mae'n ddigon hawdd edrych ar dabl yn y papur newydd a gweld y gêmau mewn llaw a'r posibilrwydd o ddal rhai o'r timau eraill ond stori wahanol yw hi pan nad oes tîm sydd â'r gallu i sicrhau'r pwyntiau i wireddu hynny.

Siom fu'r act gyntaf, ond roedd y ddrama fawr i ddigwydd b'nawn Sul. Os oedd un tîm nad oedd am ein siomi dros y penwythnos, y Gweilch fyddai'r rheiny. Roedd gêm yn Stadiwm y Mileniwm yn erbyn Munster yn y rownd gynderfynol yn eu disgwyl – dyna beth fyddai epig! Efallai mai meddylfryd felly oedd yn gyfrifol am berfformiad gwarthus y Gweilch. Roedd pethau'n edrych yn ddu ar y Gleision o'r funud gyntaf un, ond wedi brwydro'n ddewr, Toulouse aeth â hi, gan sicrhau hynny mewn digon o amser i alluogi pawb i ganolbwyntio ar ddrama fawr y penwythnos, wrth i dîm arall y brifddinas gamu i'r llwyfan mawr.

Roedd y penwythnos mewn perygl o droi'n drasiedi Roegaidd. Ond daeth actor o Gymro i feddiannu'r llwyfan. Wyth munud gymerodd hi i Joe Ledley i roi Caerdydd ar y blaen gyda gôl oedd yn deilwng o'r achlysur, a gôl a sicrhaodd le Ledley yn y llyfrau hanes a lle yr Adar Gleision yn y rownd derfynol. Roedd miloedd ar filoedd o gefnogwyr wedi heidio o brifddinas Cymru (neu'r 'valleys' yn ôl y darlledwyr Seisnig), trwy'r eira, a holl anhrefn cludo'r dorch Olympaidd ac roedd Cymro balch o ardal y Tyllgoed wedi cynnau'r fflam yn eu calonnau. Fe allai'r daith i Wembley fod yn un gyfarwydd dros y misoedd nesaf i ddilynwyr Caerdydd, gyda'r gêm derfynol wedi ei sicrhau, posibilrwydd o gêm yn rownd derfynol y gêmau ail-gyfle ac o bosib y Darian Gymunedol fis Awst!

Do, bu'n rhaid aros tan yr act olaf, ond roedd y dorf ar eu traed yn gwerthfawrogi'r perfformiad. Does ond gobeithio y bydd y ddrama ym mis Mai yn deilwng o'r llwyfan fwyaf un.

Wythnos gron
14 Ebrill 2008

Anghofiwch am Farathon Llundain, newydd ddechrau mae'r ras yng Nghaerdydd – y ras i sicrhau tocynnau ar gyfer Rownd Derfynol Cwpan FA Lloegr.

Llwyddodd dros 33,000 o gefnogwyr tîm y brifddinas i gael gafael ar docynnau ar gyfer y rownd gyn-derfynol yn erbyn Barnsley ond dim ond 25,000 o docynnau fydd ar gael ar gyfer y rownd derfynol yn erbyn Portsmouth.

Nododd Cadeirydd y clwb, Peter Ridsdale, fod cyfartaledd torfeydd Caerdydd y tymor yma o dan 14,000 felly byddai'r gwir gefnogwyr yn siŵr o gael eu diwallu. 18,840 yw'r dorf fwyaf a welwyd ar Barc Ninian y tymor yma, felly hyd yn oed pe byddai'r rhain i gyd yn cael tocyn fe fyddai rhyw 7,000 o docynnau ychwanegol ar gael. O na fyddai pethau mor syml â hyn!

Mae'n ymddangos mai'r allwedd i sicrhau tocyn i'r rownd derfynol yw eich bod yn 'lysgennad' neu yn adnabod 'llysgennad'. Dyma'r cefnogwyr sydd eisoes wedi dangos digon o ffydd i brynu eu tocyn tymor ar gyfer y flwyddyn nesaf. Dyma'r bobl bwysig fydd yn cael y flaenoriaeth pan ddaw hi'n amser rhannu'r tocynnau. Byddech chi'n tybio fod ambell un o'r 'llysgenhadon' hyn o'r farn eu bod wedi cael eu hapwyntio gan y Cenhedloedd Unedig – dyna yw eu statws yn y brifddinas ar y foment. Mae'r rhain yn bobl gwerth eu hadnabod! Ar gyfer y gweddill, mi fydd hi'n ras wyllt i geisio cael gafael ar y tocyn gwerthfawr.

Ar gyfer pob achlysur mawr ym myd y campau, mae yna garfan o bobl sy'n disgwyl cael gafael ar docynnau. Dyma'r rhai sy'n dilyn o bell, ond sy'n dechrau dangos gwir ddiddordeb pan fo llwyddiant yn dechrau dod i ran y tîm. Dyma'r garfan a elwir yn 'gefnogwyr tywydd teg'. Mae'n rhyfedd mai rhyw 14,000 sy'n gwneud yr ymdrech i gyrraedd Parc Ninian yn gyson, ond fod rhyw 20,000 yn ychwanegol yn barod i deithio i Wembley. Roedd yr un peth yn wir am Abertawe a Wrecsam pan wnaethon nhw chwarae yn Stadiwm y Mileniwm. A phwy all anghofio'r holl Gymry aeth i Milan yn 2003 – tybed sawl gêm ryngwladol welodd rhai o'r cefnogwyr hyn wedi'r daith honno? A ble mae holl gefnogwyr y Scarlets, wnaeth yr ymdrech i deithio i Nottingham a Chaerlŷr ar gyfer gêmau pwysig yng Nghwpan Heineken, pan ddaw hi'n amser am gêm ar nos Wener gwlyb ar Barc y Strade?

Am bob gwir gefnogwr sy'n dilyn clwb yn selog mae yna nifer fawr sy'n dilyn o bell a dwi ddim yn credu y dylid dibrisio'r rhain. Ychydig gannoedd sy'n mynychu gêmau Clwb Criced Morgannwg yn y Bencampwriaeth yn rheolaidd ond mae'n siŵr bod yna filoedd ar filoedd o Gymry sy'n dilyn y digwyddiadau ar y we, ar y teletestun neu ar y bwletinau radio. A phe bai'r tîm yn ddigon ffodus i gyrraedd rownd derfynol yn Lord's byddai nifer o'r rhain ar dân i sicrhau tocyn gan sicrhau cefnogaeth deilwng i'r tîm.

Mae yna garfan fawr o gefnogwyr sy'n cymryd diddordeb cyffredinol ym myd y campau yng Nghymru ac yn cael pleser o wneud hynny. Does bosib mai dyma pam fod cwmnïau teledu a radio yn talu cymaint am hawliau darlledu gêmau? Ond gall y dilynwyr hyn ddim disgwyl llwyddiant, gan fod hynny'n ddibynnol ar y cefnogwyr hynny sy'n prynu tocyn tymor neu'n mynychu gêmau yn gyson.

Dylai'r 'cefnogwyr tywydd teg' gael y cyfle i fwynhau eu diwrnod yn Wembley fis nesaf ar yr amod nad ydyn nhw'n gwneud hynny ar draul y gwir gefnogwyr. Ond pwy a ŵyr os bydd y llysgenhadon bondigrybwyll yn cenhadu'n effeithiol, efallai y bydd canran o'r rhain yn dychwelyd i Barc Ninian yn gyson tymor nesaf gan sicrhau fod y 'tywydd teg' yn barhaol i Glwb Pêl-droed Caerdydd.

Tymor newydd, gobaith newydd?
21 Ebrill 2008

Mae hawl gan bob cefnogwr i fod yn hyderus ar ddechrau tymor newydd. Dyma'r cyfnod i fod yn obeithiol ac i freuddwydio am lwyddiant dros y misoedd i ddod. I gefnogwyr Clwb Criced Morgannwg mae mwy nag un rheswm dros wneud hynny gyda brwdfrydedd.

Nid yn unig fod yna dîm sy'n cynnwys wynebau newydd, mae yna hyfforddwr newydd ac mae yna gartref newydd sef Stadiwm Swalec.

Y llynedd cafwyd tymor trychinebus gyda'r tîm yn ennill ond un gêm yn y Bencampwriaeth ac un gêm yn y gystadleuaeth ugain pelawd. Y calondid i'r cefnogwyr yw na all pethau fod yn waeth y tymor hwn. Methodd y tîm dibrofiad â bod yn gystadleuol ym mwyafrif y gêmau ond mae'r garfan yn edrych yn dipyn cryfach eleni.

Mae'r bowliwr cyflym David Harrison yn ei ôl wedi iddo fethu'r tymor diwethaf gydag anaf i'w gefn. Felly hefyd Mike Powell wedi iddo ddioddef salwch difrifol ym mis Mehefin. Arwyddwyd y chwaraewr amryddawn Jamie Dalrymple o Middlesex – chwaraewr 27 oed sydd wedi cynrychioli Lloegr 27 o weithiau mewn gêmau undydd. Yn ôl Steve James, cyn-gapten y clwb sydd bellach yn newyddiadurwr, dyma'r chwaraewr domestig gorau i Forgannwg arwyddo erioed.

Daeth y batiwr profiadol Mathew Wood o Swydd Efrog a'r bowliwr llaw chwith Adam Shantry o Swydd Warwick. Wedi cyfnod o ansicrwydd cadarnhawyd mai Jason Gillespie fydd y chwaraewr tramor ac, yn annisgwyl, daeth y newyddion y bydd y batiwr ymosodol o Dde Affrica, Herschelle Gibbs, yn ymuno ar gyfer y gystadleuaeth ugain pelawd.

Digon o waed newydd felly ond er mwyn sicrhau llwyddiant bydd angen i rai o chwaraewyr profiadol y Sir ddechrau perfformio'n gyson. Mae angen i'r capten David Hemp arwain drwy esiampl gyda'r bat ac mae'n hen bryd i'r wicedwr Mark Wallace wireddu'r potensial amlwg sydd ganddo. Y sôn yw bod bwriad i hepgor Robert Croft o'r gêmau undydd ar ddechrau'r tymor ond roedd gêm gyntaf y tymor yn erbyn Prifysgol Rhydychen yn brawf arall na ellid diystyru'r gŵr o'r Hendy!

Gobeithio y bydd y tymor hwn yn rhoi cyfle arall i rai o'r chwaraewyr ifanc i ddatblygu a meithrin eu talent diamheuol. James Harris oedd y seren a ddisgleiriodd y tymor diwethaf ond mae'n rhaid cofio mai dim ond 17 oed yw'r bachgen o

Bontarddulais ac y bydd yn canolbwyntio ar ei arholiadau Lefel A ar ddechrau'r tymor!

Mae'r garfan yn edrych yn ddigon cryf gyda chystadleuaeth am le yn y tîm. Bydd yn rhaid i'r batwyr gyfrannu'n gyson os am sicrhau llwyddiant gan fod perygl i'r tîm ddibynnu'n ormodol ar y bowlwyr i gyfrannu gyda'r bat.

I gyd-fynd gyda'r tîm newydd cyffrous bydd Mathew Maynard yn cynnig ysbrydoliaeth a brwdfrydedd fel yr hyfforddwr newydd. Does neb yn fwy ymwybodol o draddodiad y clwb a bydd Maynard yn awyddus i sicrhau yr un llwyddiant fel hyfforddwr ag y cafodd fel chwaraewr. Mae'n siŵr y bydd am sicrhau disgyblaeth o fewn y garfan ac am sicrhau fod y maesu o safon uchel.

Yn goron ar y cyfan mae Stadiwm Swalec. Mae'r trawsnewidiad sydd wedi digwydd ar safle'r hen Erddi Soffia yn anhygoel. Bellach mae yna stadiwm sy'n gallu cystadlu gyda goreuon y byd ac fe fydd yn gartref teilwng i gêmau prawf dros y tymhorau nesaf. Mae nifer, gan gynnwys cyn-gapten Lloegr, Mike Atherton, wedi beirniadu'r penderfyniad i leoli un o gêmau Cyfres y Lludw yng Nghaerdydd. Tybed, pan fydd Atherton yn eistedd yn ei flwch sylwebu ysblennydd, yn edrych allan dros Stadiwm Swalec, y bydd e'n difaru ei ragfarn amlwg?

Bydd chwaraewyr Morgannwg wrth eu bodd yn chwarae yn y stadiwm newydd a bydd y swyddogion wrth eu bodd o weld y coffrau'n chwyddo o ganlyniad i'r incwm a gynhyrchir gan y cyfleusterau newydd. Does ond gobeithio y bydd y clwb yn parhau i chwarae rhai gêmau yn Abertawe ac yn Llandrillo-yn-Rhos gan danlinellu'r ffaith mai tîm ar gyfer Cymru gyfan yw Morgannwg.

Do, bu'r tymhorau diwethaf yn rhai siomedig i Forgannwg a beirniadwyd y Cadeirydd Paul Russell yn hallt gan rai cefnogwyr am ganolbwyntio ar ddatblygu'r stadiwm yn hytrach na buddsoddi yn y tîm. Ond fe ddylai ymweliad â Stadiwm Swalec ennyn balchder ym mhob cefnogwr criced yng Nghymru, a'r gobaith yw y bydd yr elw a wneir o'r cyfleusterau newydd yn cael ei ddefnyddio i gryfhau'r tîm. Gellir disgwyl rhywfaint o lwyddiant y tymor yma ond mae'r rhagolygon tymor hir yn edrych yn ddisglair i Glwb Criced Morgannwg.

Wythnos gron
28 Ebrill 2008

Os ydych chi'n mwynhau amrywiaeth o chwaraeon, dyma'r adeg ddelfrydol o'r tymor. Mae campau'r gaeaf yn cyrraedd eu huchafbwynt a champau'r haf yn araf ddeffro o'u trwmgwsg. Wrth symud o un sianel i'r llall gellir gwylio pêl-droed, rygbi, rygbi tri ar ddeg, criced, golff, tenis, heb sôn am Bencampwriaeth Snwcer y Byd.

Mae'r cyferbyniad rhwng rhai o'r campau hyn yn drawiadol – mae disgyblaeth wahanol o wylio 90 munud o bêl-droed neu rygbi ag sydd i wylio gêm griced am ddiwrnod cyfan neu sesiwn ar ôl sesiwn o snwcer. Mae camp y sylwebydd John Ifans o allu addasu o holl fwrlwm a chyffro gornest Joe Calzaghe yn Las Vegas i ddisgrifio yr hyn sy'n digwydd yn y Crochan yn Sheffield hyd yn oed yn fwy!

Erbyn hyn mae modd gwylio unrhyw gamp drwy gydol y flwyddyn. Bydd teithiau rygbi'r haf a Phencampwriaethau Pêl-droed Ewrop yn sicrhau bod y diddordeb yn parhau drwy fis Mehefin, tra bod ymgyrch y Rhyl yng Nghystadleuaeth Inter Toto y tymor nesaf yn dechrau ar Fehefin 21. Mae gêmau criced yn cael eu darlledu ym mhob mis o'r flwyddyn a chyda phoblogrwydd y cystadlaethau 20 pelawd mae'n siŵr y bydd y ddarpariaeth yn cynyddu.

Bu llawer o drafod ynglŷn â symud Uwch Gynghrair Cymru i chwarae dros fisoedd yr haf. Dadl nifer yw y byddai mwy yn mynychu gêmau ac y byddai llai o gystadleuaeth o ran campau eraill i hawlio'r sylw. Mae rygbi tri ar ddeg wedi llwyddo i newid eu tymor nhw ond rhaid ystyried bod nifer o chwaraewyr pêl-droed yn mwynhau chwarae criced neu golff dros fisoedd yr haf tra bod ymrwymiadau gwyliau teuluol hefyd yn ffactor i'w ystyried. Ond does dim amheuaeth y byddai'r gêmau yn fwy atyniadol yn y tywydd braf ac ar gaeau caled, ac efallai y byddai modd i rai clybiau ddenu twristiaid.

Yn y gorffennol byddai chwaraewyr amryddawn yn disgleirio ar gae rygbi neu bêl-droed yn y gaeaf ac ar y maes criced yn yr haf, a hynny ar y lefel uchaf. Fe wnaeth rhai fel Maurice Turnbull a Wilf Wooler ennill capiau i dîm rygbi Cymru tra'n chwarae criced dosbarth cyntaf ond bellach, oherwydd gofynion y byd proffesiynol, byddai hyn yn amhosib. Fodd bynnag, mae nifer o chwaraewyr rygbi a phêl-droed yn parhau i gynrychioli eu clybiau lleol ar y maes criced, pan fo cyfle iddynt wneud hynny. Does dim amheuaeth fod y gallu i ymgolli mewn camp arall dros fisoedd yr haf yn llesol i'r unigolyn a bod modd trosglwyddo sgiliau o un camp i'r llall.

Mae'r chwaraewr snwcer Mark Williams yn ffrind agos i'r bocsiwr Joe Calzaghe ac fe ddywedodd yn ddiweddar y byddai wedi bod yn well ganddo fod yn Las Vegas yn gwylio ei gyfaill nag yn ceisio adennill pencampwriaeth snwcer y Byd yn Sheffield. Mae Stephen Jones wedi dilyn gyrfa Mathew Stevens yn selog, y ddau yn ffrindiau ers eu cyfnod yn Ysgol Bro Myrddin, Caerfyrddin ac mae'n siŵr fod Stevens yn rhannu'r un balchder o weld llwyddiant Jones ar y maes rygbi.

Ydyn, mae'r campau yn cyd-fyw yn weddol fodlon gyda'i gilydd. I rai, does dim byd gwell na gwylio gêm bêl-droed ar noson rewllyd ym mis Ionawr tra i eraill mwynhau diwrnod yn yr heulwen yn gwylio criced yw'r peth delfrydol. Mae'r amrywiaeth yma i'w groesawu ac er bod campau yn cael eu chwarae drwy gydol y flwyddyn bellach, mae'r cyfnod hwn pan fo'r tymhorau yn cyd-redeg yn un i'w fwynhau.

Wythnos Hirgron
5 Mai 2008

Saith mis yn ôl roedd swyddogion a chefnogwyr rhanbarth y Scarlets yn feirniadol o'r ffordd y cafodd Gareth Jenkins ei drin gan Undeb Rygbi Cymru. Roedd Cymru wedi colli yn erbyn Ffiji ac ar eu ffordd gartref o Gwpan Rygbi'r Byd. Y bore dilynol, cafodd Jenkins ei ddiswyddo mewn maes parcio yn Llydaw heb hyd yn oed gael y cyfle i ddychwelyd i Gymru fel yr hyfforddwr cenedlaethol.

Mae digwyddiadau'r wythnos ddiwethaf ar Barc y Strade yn gwneud i hyd yn oed Undeb Rygbi Cymru ymddangos fel y cyflogwr mwyaf cymedrol. Daeth y newyddion am ddiswyddiad Phil Davies fel hyfforddwr y Scarlets yn hollol annisgwyl gyda'r amseru yn fwy na dim yn codi cwestiynau di-ri.

Roedd Phil Davies newydd ddychwelyd o daith i Hemisffer y De gyda'r Prif Weithredwr Stuart Gallagher – taith ble roedd y ddau wedi bod y trafod cytundebau gyda chwaraewyr newydd ar gyfer y tymor nesaf. Ar y prynhawn dydd Mawrth roedd cynhadledd i'r wasg ar Barc y Strade ble roedd y ddau ochr yn ochr yn sôn am eu gweledigaeth ar gyfer y tymhorau i ddod. Bore Mercher, fe ddihunodd Phil Davies fel pawb arall i ddarllen adroddiadau yn y *Western Mail* ei fod wedi colli ei swydd.

Daeth y cyhoeddiad swyddogol ar Barc y Strade, heb air o ddiolch i Phil Davies am ei gyfraniad a gyda rhybudd iddo gadw draw o Barc y Strade. Os oedd rhai o'r farn fod Gareth Jenkins wedi ei drin yn wael roedd diswyddiad Phil Davies ganwaith gwaeth.

Oedd, roedd canlyniadau y Scarlets wedi bod yn siomedig y tymor hwn ond rhyw fis yn ôl roedd y rhanbarth yn dal i sôn am y posibilrwydd o ennill Cynghrair Magners. Rhaid cofio hefyd eu bod wedi eu cynnwys yn un o'r grwpiau anoddaf yn holl hanes Cwpan Heineken Ewrop. Flwyddyn yn ôl roedd miloedd o Scarlets wedi tyrru i Gaerlŷr ar gyfer rownd gynderfynol Cwpan Ewrop wedi iddynt ennill pob gêm yn eu grŵp.

Yn sgil amgylchiadau, amseriad a dirgelwch y diswyddiad mae straeon di-ri wedi eu cynnig fel esboniadau posib. Mae'r sefyllfa yn debyg iawn i ymddiswyddiad Mike Ruddock 'nôl yn 2006 ble mae manylion beth yn union ddigwyddodd yn parhau heb eu datgelu'n llawn. Rhaid cydnabod fod Prif Weithredwr Undeb Rygbi Cymru, Roger Lewis, bob amser yn barod i siarad gyda'r wasg ac i esbonio pam ei fod yn gwneud penderfyniadau. Mae cefnogwyr yn haeddu hyn a phan nad ydynt yn cael esboniadau clir maent yn siŵr o dyrchu am y gwirionedd.

Mae'r term 'player power' neu 'grym y garfan' wedi ei godi eto yng nghyswllt yr hyn ddigwyddodd ar Barc y Strade. Ymddengys fod barn chwaraewyr am hyfforddwr bellach yn hollbwysig a bod swyddogion timau yn fwy parod i sicrhau carfan hapus na charfan lwyddiannus. Mae profiad José Mourinho yn Chelsea yn awgrymu nad yw'r ffactorau hyn bob amser yn ddigon i sicrhau dyfodol yn eich swydd.

Mae'n siŵr fod Warren Gatland yn ymwybodol o'r ffaith fod ennill y Gamp Lawn yn ei dymor cyntaf fel yr hyfforddwr cenedlaethol wedi ei roi dan bwysau mawr. Go brin y bydd yn gallu cynnal y safonau hyn a fyddai hi ddim yn syndod gweld rhai yn awgrymu fel y gwnaed yn y gorffennol, y dylid newid yr hyfforddwr cenedlaethol rhywbryd cyn Cwpan y Byd nesaf.

Yn aml, timau llwyddiannus yw'r rhai sy'n dangos ffydd yn eu rheolwyr gan roi amser iddynt gynllunio yn y tymor hir. Yn rhy aml gwelir sefyllfa fel un Parc y Strade wythnos diwethaf, a hyfforddwr yn colli ei swydd wedi llai na dau dymor wrth y llyw. Mae cefnogwyr yn crefu am gysondeb ac eglurder o ran penderfyniadau a gwelediaeth glir o'r ffordd ymlaen – does ond gobeithio bod y Scarlets yn mynd i lwyddo yn yr ail nod wedi iddynt fethu mor amlwg yn y cyntaf.

Canu clodydd Clive
12 Mai 2008
Ar drothwy pen-blwydd Clive Rowlands yn 70 oed Tomos Owen, Cynhyrchydd Adran Chwaraeon BBC Cymru, sy'n talu teyrnged i un o gewri y byd chwaraeon.

Ddydd Mercher, fe fydd Mr Rygbi Cymru, Clive Rowlands, yn dathlu ei ben-blwydd yn saith deg oed. Dyma'r gŵr sydd wedi cyflawni cymaint ym myd y bêl hirgron yng Nghymru. Fe enillodd 14 cap dros ei wlad – pob un fel capten – bu'n hyfforddwr ar y tîm cenedlaethol, yn rheolwr ar dîm Cymru ac ar garfan y Llewod, yn ddewiswr ac yn Llywydd Undeb Rygbi Cymru, heb sôn am ei gyfraniad diweddar fel sylwebydd craff ar ddarllediadau Radio Cymru.

Fe gysylltir ei yrfa fel chwaraewr erbyn hyn â'r gêm chwedlonol yn yr Alban yn 1963 pan, yn ôl y sôn, fe giciodd at yr ystlys 111 o weithiau. Yn sgil hyn fe newidiwyd y rheolau gyda chiciwr yn cael ei rwystro rhag cicio'n syth dros yr ystlys y tu hwnt i'r linell 22 metr. Gyda'r holl sôn am newid y rheolau – dyma bensaer yr ELVs gwreiddiol!

Mae'n rhaid cyfaddef iddo fod yn ffodus i fod yn hyfforddwr yn ystod oes aur rygbi Cymru ond mae'r parch amlwg sydd gan y chwaraewyr oedd yn rhan o'r tîm hwnnw tuag ato yn adlewyrchu cyfraniad Clive at y llwyddiant. Cyfeirir at ei ddawn i ysbrydoli'r garfan gan bwysleisio pwysigrwydd angerdd yn y perfformiad. Gyda thîm yn llawn o chwaraewyr talentog does bosib mai dyma fyddai cyfraniad pennaf yr hyfforddwr. Go brin y byddai sôn am 'player power' gyda Clive wrth y llyw!

Clive Rowlands oedd rheolwr Cymru yn y Cwpan y Byd cyntaf yn 1987 ble daeth tîm Cymru yn drydydd yn y gystadleuaeth. Yn 1989 fe oedd rheolwr y Llewod ar eu taith lwyddiannus i Awstralia ac mae'r parch sydd gan yr hyfforddwr ar y daith honno, Ian McGeechan, a'r capten Finlay Calder tuag ato yn brawf o'i boblogrwydd.

Mae'n eironig mai ar ddiwrnod pen-blwydd Clive y gwneir y cyhoeddiad ar gyfer hyfforddwr y Llewod ar gyfer y daith i Dde Affrica flwyddyn nesaf. Os caiff Ian McGeechan ei apwyntio i'r swydd mae'n siŵr y byddai wedi bod yn fwy na bodlon mynd â Clive unwaith eto fel rheolwr y daith pe bai yntau rhyw ugain mlynedd yn iau!

Dros y blynyddoedd diwethaf bu llais Clive Rowlands yn un cyfarwydd ar ddarllediadau rygbi BBC Radio Cymru. Roedd bob amser yn ddi-flewyn ar dafod yn ei ddadansoddi ond bob amser yn adeiladol, a'i ddawn dweud yn bleser i wrando arno. Roedd y parch a amlygai cyn-chwaraewyr neu gyd-sylwebwyr ato mewn meysydd ar hyd a lled y byd yn brawf o'r parch tuag ato a'i gyfraniad mewn cymaint o wahanol ffyrdd ym myd rygbi.

Roedd Clive bob amser yn falch mai i Radio Cymru yr oedd e'n darlledu ac roedd y gwasanaeth hwnnw yn ffodus iawn o'i gael fel arbenigwr. Byddai bob amser yn barod ei gyngor i ddarlledwyr dibrofiad, boed hynny'n sylwebwyr neu'n gynchwaraewyr. Ysgogi yn hytrach na beirniadu oedd ei ddull – nodwedd o'i gyfnod hyfforddi mae'n siŵr, a byddai nifer o ddarlledwyr yn talu teyrnged iddo fel un a roddodd hyder iddynt wrth feithrin eu crefft.

Dros y blynyddoedd diwethaf fe ddaeth salwch i ran Clive a'i deulu ond fe wynebodd hyn gyda'r un rhinweddau ag a amlygodd yn ystod ei yrfa. Mae wedi codi swm rhyfeddol o arian tuag at elusennau, yn aml drwy siarad ar ôl cinio ac y mae unrhyw un sydd wedi profi un o'r areithiau hyn yn gallu tystio i ddawn dweud Clive o'r Cwm!

Mae yna sôn fod bwriad cyhoeddi cyfrol o'r straeon hyn a does dim amheuaeth y byddai cyfrol o'r fath i'w chroesawu. Mae cofiant Clive, wedi ei ysgrifennu gan John Ifans, wedi ei gyhoeddi eisoes wrth gwrs, yn y Gymraeg ac yn Saesneg.

Fe deithiodd y gŵr o Gwmtwrch yn helaeth, gan ledaenu ei Gymreictod i bedwar ban y byd. Bellach, ac yntau ar drothwy ei ben-blwydd yn saith deg oed, fe all edrych yn ôl ar yrfa aruthrol gyda balchder a gall Cymru gyfan fod yn falch o'i gyfraniad yntau – Pen-blwydd Hapus Clive!

Wythnos gron
19 Mai 2008

Wedi'r holl edrych ymlaen, yr ewfforia yn y brifddinas a'r balchder cenedlaethol, fe gymerodd hi gamgymeriad gan ŵr o'r Ffindir a gôl gan ymosodwr o Nigeria i roi stop ar bethau.

Ers wythnosau lawer roedd y paratoi at y gêm derfynol wedi bod yn cynyddu'n raddol gan gyrraedd uchafbwynt dros yr wythnos ddiwethaf. Wedi'r cyfan, roedd hi'n 81 mlynedd ers i Gaerdydd gyrraedd y rownd derfynol ac roedd perffaith hawl gan y cefnogwyr a'r cyfryngau i wneud y mwyaf o'r achlysur hanesyddol.

Yn y diwedd, roedd yr hyn a gafwyd cyn y gêm lawn cystal â'r gêm ei hun. Wedi'r holl drafod am ganu'r anthemau a'r ffaith mai Katherine Jenkins fyddai'n gwneud hynny, sicrhaodd problem dechnegol gyda'r meic na fyddai neb yn clywed pennill cyntaf 'Abide with Me' o enau'r gantores o Gastell Nedd. Bydd cystadleuwyr Eisteddfod yr Urdd yn disgwyl gwell na hyn yn Sir Conwy wythnos nesaf!

Do, fe welwyd y cefnogwyr yn difrïo'r anthemau ond wrth edrych ar y ddau dîm doedd yr un o'r ddwy anthem yn berthnasol i fwyafrif y chwaraewr gan mai prin oedd y Cymry a'r Saeson yn y ddau dîm. Roedd balchder y cefnogwyr fodd bynnag yn amlwg a rhaid llongyfarch Cymdeithas Bêl-droed Lloegr am ganiatáu i'r ddwy anthem gael eu canu.

Byddai'r papurau Llundeinig wedi bod wrth eu bodd yn lladd ar gefnogwyr Caerdydd am darfu ar 'God Save the Queen'. O leiaf, roedd caniatáu canu 'Hen Wlad Fy Nhadau' hefyd yn profi fod y ddau set o gefnogwyr cynddrwg â'i gilydd.

Roedd John Motson yn cydnabod bod yr awyrgylch cyn y gêm yn 'return to the real FA Cup'. Nid y cefnogwyr achlysurol oedd wedi hen arfer ag ymweld â Wembley oedd y rhain ond gwir ddilynwyr oedd yno i fwynhau achlysur unigryw. Trueni nad oedd Motson a Lawrenson yn gallu cynnal y cyffro yn eu sylwebaeth a diolch byth am y botwm coch a chael clywed asbri Gareth Blainey, Malcolm Allen ac Iwan Roberts yn dadansoddi Cwpan Lloegr yn iaith y nefoedd!

Yn aml, mae canlyniad gêm bêl-droed yn dibynnu ar ddigwyddiadau bychain. Pe byddai Paul Parry wedi sgorio yn gynnar fe allai pethau fod wedi bod yn wahanol. Pe bai Peter Enckelman wedi dyrnu'r bêl o afael Kanu a phe na bai Glen Loovens wedi llawio cyn rhoi'r bêl yn y rhwyd. Pe bai...

Ar y cyfan, roedd Portsmouth yn haeddu'r fuddugoliaeth ond gall tîm Caerdydd fod yn falch o'u perfformiad. Gall y cefnogwyr hefyd fod yn falch o'u hymddygiad, gan roi delwedd bositif i

Glwb Pêl-droed Caerdydd o flaen cynulleidfa fyd-eang. Gyda'r holl sôn cyn y gêm at y troeon diwethaf i'r ddau glwb godi'r cwpan does ond gobeithio dau beth. Y cyntaf yw na fydd ail-adrodd o'r hyn ddigwyddodd wedi i Portsmouth ennill y Cwpan yn 1939 – dechrau'r Ail Ryfel Byd.

Ar y llaw arall, wrth gofio Caerdydd yn ennill y Cwpan yn 1927 rhaid cofio fod yr Adar Gleision wedi cyrraedd y rownd derfynol ddwy flynedd ynghynt, yn 1925. Does ond gobeithio y bydd hanes yn ailadrodd y tro hwn ac y gwelir y fyddin las yn heidio 'nôl i Wembley ymhen dwy flynedd ac y bydd meic Katherine Jenkins yn gweithio erbyn hynny.

Profiad yn profi'n allweddol

26 Mai 2008

Yr hen a ŵyr, yr ifanc a dybia, medde'r hen ddywediad a gwir bob gair yr wythnos hon. Mewn oes pan ganmolir doniau'r ifanc, gyda chlybiau yn barod i dalu crocbris am addewid a photensial, profodd yr wythnos hon na ellir rhoi pris ar brofiad.

Pan ddaeth hi'n amser am giciau o'r smotyn yn rownd derfynol Cwpan y Pencampwyr, roedd pwyll ac aeddfedrwydd Ryan Giggs o dan bwysau yn drech na holl driciau Ronaldo. Yr henwr 38 oed, Edwin van der Sar, oedd yr arwr a wnaeth sicrhau'r cwpan i Man Utd gan fodloni ei reolwr 66 mlwydd oed!

Ddydd Sadwrn yn Wembley, Dean Windass, 39 oed, sgoriodd y gôl sydd yn ôl pob sôn werth £60 miliwn, wrth i Hull City sicrhau eu lle yn Uwch Gynghrair Lloegr. Chwaraewr gafodd ei ryddhau gan ei glwb lleol ar ddechrau ei yrfa, a symudodd i wyth clwb gwahanol, cyn dychwelyd i sicrhau y byddan nhw'n ymddangos yn y Brif Adran am y tro cyntaf yn eu hanes. Anodd credu mai dyma'r clwb wnaeth Abertawe guro bum tymor yn ôl i i sicrhau eu lle yn adran isaf cynghreiriau Lloegr.

Mae seren Portsmouth, Kanu, yn hawlio ei fod yn 31 oed ond mae nifer yn cwestiynu hyn. Nid fe fyddai'r chwaraewr cyntaf i gelu'r gwir am ei oedran yn y gobaith o barhau i gael chwarae ar y lefel uchaf. Roedd gwir oedran Jimmy Floyd Hasselbaink yn amlwg i bawb, fodd bynnag, wrth iddo straffaglu o amgylch maes Wembley yn rownd derfynol Cwpan FA Lloegr!

Mae ymdrech Clwb Criced Morgannwg i ddatblygu ieuenctid i'w ganmol, ond does bosib y byddai'r sir wedi ennill mwy o gêmau undydd y tymor yma gyda phrofiad Robert Croft yn y tîm. Mae Robert, oedd yn dathlu ei ben-blwydd yn 38 oed dros y Sul, yn rhy hen i faesu'n effeithiol mewn gêmau undydd, medden nhw, ond fe allai'r chwaraewyr ifanc ddysgu tipyn ganddo am fowlio a batio ar y lefel uchaf.

Ym myd dartiau, Phil Taylor, 47 oed, fu'r brenin am ddegawd a mwy. Mae ton ar ôl ton o chwaraewyr ifanc wedi ceisio ei ddisodli fel y pencampwr ond yn amlach na pheidio mae grym 'the Power' wedi bod yn ormod iddynt. Rhyw flwyddyn yn ôl, darlledwyd eitem ar raglen *Wales Today* yn sôn fod y gamp ar drai ac mai prin oedd y byrddau dartiau mewn tafarndai bellach. Efallai bod hyn yn wir, ond mae miloedd ar filoedd yn llifo i wylio Taylor, Barney, Mardle a Manley bob wythnos yn yr Uwch Gynghrair gyda phob lleoliad yn gwerthu'r tocynnau o fewn oriau.

Gwerthwyd pob tocyn ar gyfer y rownd derfynol yn y CIA, Caerdydd ar Ŵyl y Banc fisoedd yn ôl, tra bod digon o docynnau i weld Boyzone a Girls Aloud ar gael!

Efallai nad yw'r oedran yn gymaint o ffactor ym myd dartiau â rhai o'r campau eraill ond heb os mae pob tîm llwyddiannus yn gyfuniad o ieuenctid a phrofiad. Does dim amheuaeth fod tîm pêl-droed Cymru yn llawn addewid a photensial ond bydd cyfraniad chwaraewyr fel Craig Bellamy, Simon Davies a Jason Koumas yn allweddol hefyd. Trueni nad oes modd i'r Cymry ifanc hyn elwa o brofiad Ryan Giggs yn y garfan.

Ond gyda Alex Ferguson yn dweud y bydd Giggs yn chwarae yn llai rheolaidd i Man Utd y tymor nesaf, ai breuddwyd ffôl yw gobeithio gweld Giggs yn dychwelyd i wireddu yr un uchelgais sydd ganddo ar ôl yn ei yrfa a helpu'i wlad i gyrraedd Rowndiau Terfynol Cwpan y Byd?

Cyfle i wylio'r sêr heb orfod dioddef yr heip
2 Mehefin 2008

Mae un o ddigwyddiadau mawr y byd chwaraeon ar fin dechrau ond prin fu'r sylw hyd yn hyn. Bydd rhai o sêr mwyaf y byd pêl-droed yn cystadlu yn ystod y pythefnos nesaf ym Mhencampwriaethau Ewrop ond bron y gellir dweud y bu mwy o sylw yn y cyfryngau i gystadleuaeth Cenhedloedd Affrica 'nôl ym misoedd Ionawr a Chwefror nag a fu i'r gystadleuaeth hon.

Y ffaith syml amdani yw na fydd Lloegr yn cystadlu, felly does dim diddordeb gan y Wasg Brydeinig. Bob dwy flynedd, fel arfer, fe'n llethir gan y sylw i dîm Lloegr a gyda'r ffaith eu bod, o'r diwedd, yn mynd i wireddu eu potensial ac ennill un o'r prif bencampwriaethau. Fe fyddai'r papurau yn llawn straeon a lluniau o'r arwyr, byddai baneri San Siôr yn chwifio o ffenestri'r ceir a byddai pob tafarn yn arddangos posteri yn hyrwyddo'r darllediadau o'r gêmau.

Ond mae'n wahanol eleni. Bydd rhaid i gefnogwyr Lloegr brofi'r hyn mae dilynwyr Cymru yn ei deimlo, a gwylio cystadleuaeth nad ydynt yn rhan ohoni. Mae'r BBC yn hyrwyddo'r gystadleuaeth drwy ofyn "Pwy fyddi di'n ei gefnogi?" Neb, oedd ateb nifer o golofnwyr y papurau Sul, ond gan fod y Saeson yn synnu pan nad yw'r Cymry yn eu cefnogi nhw mewn cystadlaethau pêl-droed, does bosib y byddan nhw'n cefnogi Ffrainc y tro hwn, sef y tîm agosaf yn ddaearyddol atyn nhw!

Mae'n siŵr y bydd rhesymau amrywiol gan bobl dros gefnogi'r gwahanol wledydd ond yr hyn sy'n sicr yw bydd rhai o dalentau mwyaf y byd pêl-droed yn cael y cyfle i ddangos eu gallu yn y Bencampwriaeth. Cawsom y cyfle i weld doniau chwaraewyr fel Robben a Snejder y penwythnos diwethaf, a gellir edrych ymlaen at weld chwaraewyr fel Ronaldo a Thierry Henry yn serennu dros y pythefnos nesaf. Gellir gwneud hynny y tro hwn heb orfod poeni am ganlyniadau Lloegr, a gweld os y bydden nhw am unwaith, yn ennill cystadleuaeth ciciau o'r smotyn ar ddiwedd gêm.

Bydd diddordeb arbennig gan ddilynwyr Cymru i weld

sut fydd timau Yr Almaen a Rwsia yn perfformio cyn i ni eu hwynebu yn gêmau rhagbrofol Cwpan y Byd. Mae'n siŵr y bydd yr Almaen yn un o dimau cryfaf y gystadleuaeth ac mae disgwyl iddynt ennill y grŵp yn eithaf didrafferth. Mae yna gyfle hefyd gan Rwsia, mewn grŵp sy'n cynnwys Groeg, Sweden a Sbaen. Ond tybed a fyddai'n well gan John Toshack o weld y ddau dîm yn profi llwyddiant yn y gystadleuaeth gan fod yn or-hyderus yn erbyn Cymru neu weld y timau yn methu a'u bod yn wynebu cyfnod o ad-drefnu dros y misoedd nesaf?

Y grŵp mwyaf diddorol mae'n siŵr yw Grŵp C ble mae Ffrainc, Yr Eidal, Yr Iseldiroedd a Rwmania yn cystadlu am le yn rownd yr wyth olaf. Bydd disgwyl i Bortiwgal a Sbaen ennill grwpiau A a D ond mae'r ddau dîm wedi tanberfformio cynifer o weithiau mewn prif bencampwriaethau fel na ellir cymryd dim yn ganiataol. Mae'r ddau grŵp yma hefyd yn cynnwys Awstria a Swistir, dau dîm a sicrhaodd eu lle yn y pencampwriaethau heb chwarae yr un gêm ragbrofol. Ai dyma'r ffordd i Gymru sicrhau eu lle yn un o'r prif gystadlaethau yn y dyfodol?

Mae'n siŵr y bydd y pythefnos nesaf yn un llawn cyffro, gyda sawl sioc ar hyd y daith. Pwy fyddai wedi proffwydo mai Groeg fyddai'n bencampwyr bedair blynedd yn ôl? Efallai nad yw'r sylw wedi bod yn fawr ond i ddilynwyr gêm y bêl gron bydd yr wythnosau nesaf yn fwynhad pur. A diolch byth fod y BBC wedi sicrhau y cawn ni glywed barn gwir arbenigwr yn ystod y gystadleuaeth – y gŵr sy'n gyfrifol ein bod yn gallu ymlacio a mwynhau'r gystadleuaeth y tro yma heb weld ein strydoedd yn llifo o grysau Lloegr a baneri San Siôr – Steve McLaren!

Cystadleuaeth sy'n cynnig apêl wahanol
9 Mehefin 2008

Does dim rhaid deall holl gymhlethdodau'r gêm i fwynhau gêmau Ugain20, medd Tomos Owen, Cynhyrchydd Adran Chwaraeon BBC Cymru

Bydd nifer o bobl yn gwneud rhywbeth am y tro cyntaf erioed dros yr wythnosau nesaf – mynychu gêm o griced. Ydy, mae cystadleuaeth yr 20 pelawd ar fin dechrau.

Mae'r gêmau yn gyflym, yn gyffrous ac yn gyfleus. Prin tair awr yw hyd gêm gyfan, gyda gêmau yn dechrau ar amser cyfleus i rai sy'n gweithio drwy'r dydd ac am fwynhau adloniant gyda'r nos.

Go brin y byddai'r bobl hyn yn dychmygu mynychu gêm ym Mhencampwriaeth y Siroedd ond mae'r gystadleuaeth 20 pelawd yn cynnig apêl wahanol. Does dim rhaid deall holl gymhlethdodau'r gêm i'w mwynhau a chyda awyrgylch dda a thywydd braf, beth allai fod yn well?

Pan gyflwynwyd y syniad o gystadleuaeth 20 pelawd bedwar tymor yn ôl, prin y byddai neb wedi ystyried yr effaith fyddai'r gêm yn ei chael. Bryd hynny, roedd nifer o chwaraewyr yn ystyried y gêm fel cyfle i ymlacio o'r gêmau cystadleuol a chynnig adloniant i'r dorf, ond bellach mae timau yn targedu'r gystadleuaeth hon ac yn gwario miloedd ar gyflogau chwaraewyr allai wneud argraff. Mae'r ffaith fod Morgannwg wedi arwyddo Herschelle Gibbs, un o fatwyr mwyaf ymosodol y byd, yn benodol ar gyfer y gystadleuaeth hon yn brawf o'r pwyslais y mae'r Sir yn ei roi ar y gystadleuaeth.

Mae datblygiadau y cystadlaethau 20 pelawd yn yr India wedi denu sylw mawr dros y misoedd diwethaf gyda'r ddwy gynghrair yn cystadlu am y gorau i arwyddo chwaraewyr gorau'r byd. Am y tro cyntaf erioed, mae cyflogau'r chwaraewyr yn cystadlu â rhai pêl-droedwyr a, bellach, prin y clywch chi chwaraewyr yn sôn eu bod wedi blino ac yn chwarae gormod o griced pan fo cynigion am gyflogau mawr yn eu denu!

I nifer o ddilynwyr criced, dyw'r gystadleuaeth 20 pelawd ddim yn un y dylid ei chymryd o ddifrif. Gellir ei chymharu â gêm rygbi saith-bob-ochr yn hytrach na gêm arferol, neu gêm o pŵl o'i gymharu â snwcer – nid yw'n ffurf bur o'r gêm. Mae'r ffaith fod tîm sy'n gymharol wan fel Morgannwg yn gobeithio gwneud argraff yn y gystadleuaeth hon yn brawf o'r apêl mae'n siŵr – y gall unrhyw dîm guro'r llall dros 20 pelawd. Mae'n stori wanhanol, fodd bynnag, pan fo'r gêm dros bedwar diwrnod!

Gêm wedi ei marchnata ar gyfer cynulleidfa newydd yw hi a dylid ei chroesawu, ond nid ar draul y gêm brawf neu'r gêm bedwar diwrnod. Mae nifer wedi sôn y bydd y ffurf 20 pelawd o'r gêm yn disodli gêmau prawf yn y dyfodol ond go brin y gwelwn ni hynny yn Lloegr (a Chymru) neu Awstralia ble mae gêmau prawf yn denu torfeydd mawr.

Rhaid cofio mai gêmau dros 20 pelawd y mae mwyafrif o chwaraewyr cymdeithasol yn gyfarwydd â hi. Mae cynghreiriau ledled Cymru yn chwarae'r ffurf hon o'r gêm felly gall y cefnogwyr uniaethu'n syth â hi.

Bydd gwledd o griced dros y mis nesaf gyda phum gêm yn Stadiwm Swalec mewn cyfnod o naw niwrnod. Gobeithir am dywydd ffafriol a thorfeydd mawr ac y bydd cynulleidfa newydd yn mwynhau'r profiad o fynychu gêm o griced am y tro cyntaf ac yn dychwelyd i brofi mwy yn y dyfodol.

Amser i ddechrau breuddwydio
16 Mehefin 2008

Wrth i'r cefnogwyr bori drwy restr y gêmau ar gyfer y tymor sydd i ddod, mae hi'n gyfnod o edrych ymlaen gyda gobaith, medd Tomos Owen, Cynhyrchydd Adran Chwaraeon BBC Cymru.

Gyda champau ein timau pêl-droed a rygbi y tymor diwethaf bellach wedi eu storio yn seler y cof, yr wythnos hon daeth cyfle i edrych ymlaen a breuddwydio am lwyddiant o'r newydd yn y tymor sydd i ddod.

Ddechrau'r wythnos cyhoeddwyd rhestr y gêmau ar gyfer cynghreiriau Coca Cola y tymor nesaf. I gefnogwyr Abertawe dyma brawf gweledol o'r hyn a gyflawnwyd y tymor diwethaf. Gallant edrych ymlaen at gêmau yn erbyn timau fel Birmingham, Derby a Reading yn hytrach na Henffordd, Scunthorpe a Yeovil. Bydd eu gêm gyntaf yn erbyn Charlton Athletic nid Oldham Athletic!

Mae cefnogwyr Caerdydd yn hen gyfarwydd â bywyd yn y Bencampwriaeth ac fe fyddan nhw'n astudio'r rhestr gêmau gyda'r nod o ennill dyrchafiad yn hytrach na mwynhau'r profiad. Mae'r Adran yn edrych yn neilltuol o gryf y tymor yma eto ond mae'r disgwyliadau wedi cynyddu ar Barc Ninian dros y blynyddoedd diwethaf i'r fath raddau fel y disgwylir i'r Clwb gystadlu gyda'r goreuon. Ai breuddwyd gwrach yw gobeithio gweld Caerdydd yn symud i'w stadiwm newydd ymhen y flwyddyn fel clwb yn yr Uwch Gynghrair? Byddai'n ddiddorol astudio'r rhestr gêmau bryd hynny!

Bu cryn edrych ymlaen at glywed pryd y bydd Caerdydd ac Abertawe yn wynebu'i gilydd yn y cynghrair am y tro cyntaf mewn naw tymor. Penwythnos Tachwedd 29 fydd dyddiad y gêm gyntaf yn Stadiwm Liberty ac Ebrill y 4ydd fydd dyddiad y gêm ar Barc Ninian. Does ond gobeithio y bydd y ddwy gêm yn gofiadwy o ran safon y pel-droed yn hytrach na digwyddiadau oddi ar y cae.

Os oedd cyhoeddi'r rhestr gêmau yn ddigwyddiad cyffrous i gefnogwyr clybiau Caerdydd ac Abertawe, mae'n siŵr ei fod wedi bod yn brofiad poenus i ddilynwyr Wrecsam. Roedd yn brawf pellach o dranc y tîm sydd bellach y tu allan i brif gynghreiriau pêl-droed Lloegr. Bydd cyhoeddi rhestr gêmau Wrecsam yng Nghyngrair Blue Square yn dorcalonnus i ddilynwyr y Dreigiau, er y byddant yn gallu edrych ymlaen at ymweld â nifer o feysydd a threfi newydd ar y daith fydd gobeithio yn eu gweld yn dychwelyd i gynghreiriau Coca Cola.

O ran y rygbi, mae cyhoeddi grwpiau Cwpan Heineken yn gallu diffinio tymor rhanbarth. Yn y gorffennol, pan nad oedd system o ddethol y prif dimau gwelid grwpiau eithriadol o anodd, gyda'r Scarlets y llynedd yn yr un grŵp â Munster, Wasps a Clermont Auvergne. Gellir awgrymu mai cyhoeddiad y grŵp hwn y llynedd oedd un o'r ffactorau a arweiniodd at ddiswyddiad Phil Davies gyda'r Scarlets yn methu ennill pwynt yn y grŵp.

Bellach, gyda thimau wedi eu dethol, mae'r drefn lawer tecach, ond eto mae nifer o'r grwpiau yn edrych yn gystadleuol dros ben. Bydd rhaid i'r Gweilch wynebu grym Caerlŷr a Perpignan tra bod y Gleision yn yr un grŵp â Biarritz a Chaerloyw. Stade

Francais fydd y prif fygythiad i'r Scarlets, tra bod Dreigiau Gwent yn yr un grŵp â chewri Ewrop, Toulouse ac enillwyr Cwpan Her Ewrop y llynedd, Caerfaddon.

Bydd Dwayne Peel yn profi teimlad o déjà vu wrth iddo fe a'i glwb newydd Sale, gael eu cynnwys yn yr un grŵp â phencampwyr Ewrop, Munster a Clermont Auvergne – dau o'r timau oedd yn ddraenen yn ystlys y Scarlets y llynedd!

Rhaid i'r cefnogwyr aros am ychydig cyn clywed yr union ddyddiadau y chwaraeir y gêmau cyn y bydd cyfle iddynt gynllunio eu teithiau. Y gobaith, mae'n siŵr, i'r dilynwyr yw y bydd trip i Dde Ffrainc ar eu cyfer yn heulwen mis Hydref!

I'r ffanatics ffwtbol, fodd bynnag, mi fyddant yn dilyn eu tîm ar hyd a lled Lloegr mewn glaw neu hindda gyda'r gobaith o gipio pwyntiau gwerthfawr ar hyd y daith. Ond er mor gyffrous oedd cyhoeddi'r gêmau cynghrair, i ddilynwyr Caerdydd mi fydd diddordeb arbennig yn nhrefn gêmau Cwpan FA Lloegr wrth iddyn nhw geisio mynd cam ymhellach na thymor diwethaf a chodi Cwpan Lloegr!

Mae llwybr y daith wedi ei gosod. Efallai y bydd hi'n hir a throellog ar adegau, ond y gobaith pennaf yw y byddwn ni gyd yn mwynhau'r siwrne!

Wythnos gron
23 Mehefin 2008

Mae'r amser wedi cyrraedd i chwilio am y raced dennis. Cyn gynted ag y bydd Pencampwriaeth Wimbledon yn dechrau ar y teledu bydd y cyrtiau tennis lleol yn llenwi gyda phobl yn ceisio efelychu eu harwyr. Gwelir yr un patrwm mewn clybiau snwcer ar ddiwedd mis Ebrill ac ar gyrsiau golff ym mis Gorffennaf wrth i'r Bencampwriaeth Agored gael ei darlledu.

Mae hyn yn brawf o bŵer y teledu ac o bwysigrwydd darlledu chwaraeon ar sianeli daearol. Mae'r campau hyn ar gael i drwch y boblogaeth a chan fod cymaint o oriau darlledu dros gyfnod penodol mae pobl yn cael eu hymdrochi yn yr holl sylw ac mae'n cynnau eu diddordeb. Mae'n siŵr bod y darllediadau o Ewro 2008 dros yr wythnos ddiwethaf wedi ysbrydoli ieuenctid i efelychu campau Arshavin o Rwsia neu Nihat o Dwrci yn eu parciau lleol.

Pan fyddwch chi wedi dod o hyd i'r raced yn y cwtsh dan stâr, y gobaith yw y byddwch chi'n dod o hyd i gwrt. Mae cyflwr nifer o gyrtiau cyhoeddus yn ddifrifol a rhaid bod yn aelod o glwb i chwarae ar rai eraill. Dyna'r broblem sylfaenol gyda thennis ym Mhrydain – dyw hi ddim yn gamp sy'n hawdd ymgymryd â hi. Does ond angen un ymweliad â Wimbledon i gael ymdeimlad o'r fath o bobl sy'n ymwneud â'r gêm.

Mae record Prydeinwyr yn y gamp yn warthus ac mae'n druenus o beth fod y cyfryngau a'r cefnogwyr wedi gorfod hoelio'u gobeithion ar un chwaraewr am gymaint o flynyddoedd. Tim Henman oedd arwr mawr y nawdegau a nawr mae Andy Murray yn dioddef o dan yr un pwysau.

Mae astudio cefndir y ddau chwaraewr hyn hefyd yn adrodd cyfrolau. Doedd dim angen i Tim Henman chwilio am gwrt yn y parc cyhoeddus lleol i ymarfer, gan fod cwrt personol gan ei deulu! Roedd ei dad-cu wedi cystadlu yn Wimbledon a'i hen fam-gu oedd y cyntaf i serfio dros yr ysgwydd yn Wimbledon – tipyn o linach! Roedd mam Andy Murray yn chwaraewraig broffesiynol, a hi oedd hyfforddwraig genedlaethol yr Alban. Dau a fagwyd yn y byd tennis o'r crud yw Henman a Murray.

Cymharwch hyn gyda Serbia, gwlad sydd gyda chwe gwaith yn llai o boblogaeth na Phrydain ac yn gyffredinol yn llai breintiedig, ond sydd gyda Novak Djokovic yn drydydd detholyn ymhlith y dynion a'r ddwy sydd ar frig detholion y merched, sef Ana Ivanovic a Jelena Jankovic.

Dros y bythefnos nesaf fe fyddwn ni'n cael ein hatgoffa mai dyma'r gystadleuaeth orau yn y byd ac am yr hanes a'r traddodiad sydd ynghlwm â'r Bencampwriaeth. Mae cyfleusterau Wimbledon yn cael eu datblygu, gyda'r cwrt rhif un newydd wedi hen ennill ei blwy'. Ond er bod swyddogion y gamp yn pwysleisio'n gyson fod arian yn cael ei fuddsoddi i ddatblygu talent ifanc does dim prawf gweledol o hyn wrth wylio Wimbledon yn flynyddol.

Bydd gwledd o dennis dros y bythefnos nesaf a chyda gwasanaeth rhyngweithiol y BBC bydd modd dilyn y cyfan o gyrtiau amrywiol o fore gwyn tan nos. Am y tro cyntaf ers blynyddoedd mae her gwirioneddol i Roger Federer gyda Rafael Nadal a Novak Djokovic wedi profi yn ddiweddar eu bod yn gallu perfformio ar y gwair.

Dyw Federer heb golli gêm yn Wimbledon ers 2002 ac os y bydd e'n fuddugol eleni fe fydd e'n curo record Borg am ennill chwe chystadleuaeth yn olynol. O ran y merched fe fydd hi'n eithaf penagored, yn enwedig wedi ymddeoliad Justin Henin. Bydd gobeithion y Cymry gyda Mathew James o'r Wyddgrug sy'n cystadlu yn y gystadleuaeth ieuenctid.

Y gobaith yw y bydd y to ifanc yn cael eu hysbrydoli o wylio'r cyfan ac y byddan nhw'n cael croeso wrth ymweld â'u cyrtiau tennis lleol dros yr wythnosau nesaf. Y tebygrwydd, fodd bynnag, yw mai prin fydd y rhai fydd yn parhau i chwarae wedi hynny ac mai'r cwrs golff fydd yn denu'r sylw erbyn diwedd mis nesaf ac y byddwn ni'n gwylio chwaraewr o Serbia yn serennu yn Wimbledon unwaith eto flwyddyn nesaf!

Wythnos gron

30 Mehefin 2008

I'r mwyafrif, mae sicrhau chwarae teg yn sylfaenol i holl hanfod byd y campau, meddai Cynhyrchydd Adran Chwaraeon BBC Cymru, Tomos Owen. Ond am ba hyd?

Fe allai digwyddiadau ar faes criced yr Oval yr wythnos ddiwethaf fod wedi creu tipyn o stŵr, nid yn unig yn y byd criced ond i fyd chwaraeon yn gyffredinol.

Pe na bai capten tîm criced Lloegr, Paul Collingwood, wedi ymddiheuro yn syth wedi'r gêm am fynnu bod batiwr Seland Newydd, Grant Elliott, wedi cael ei redeg allan, er iddo gael ei rwystro gan fowliwr Lloegr, byddai'r byd criced a dilynwyr y campau yn gyffredinol wedi ei feirniadu'n chwyrn.

Mae byd chwaraeon bellach yn fyd busnes ac mae'r gwahaniaeth ariannol rhwng ennill a cholli cymaint fel bod chwaraewyr yn barod i wneud unrhyw beth o fewn eu gallu i sicrhau buddugoliaeth. Byddai rhai yn dadlau bod Collingwood a'i dîm wedi dangos ychydig o ruddin a bod angen iddynt fod yn ddidrugaredd mewn gêm gystadleuol. I'r mwyafrif, fodd bynnag, mae sicrhau chwarae teg yn sylfaenol i holl hanfod byd y campau. Criced oedd un o'r campau a ymfalchïai yn ei thraddodiad o arddel chwarae teg. Bellach, prin yw'r batwyr sy'n barod i adael y llain o'u gwirfodd wedi daliad, tra bod bowlwyr yn gyson yn apelio am ddyfarniad maent yn gwybod yn iawn nad yw'n wiced ddilys. Dyma yw un o'r campau prin ble rydych yn gorfod apelio ar i'r dyfarnwr wneud penderfyniad.

Bellach, mae tennis wedi dilyn yr un trywydd gyda dyfodiad *Hawkeye* yn caniatáu i'r chwaraewyr ofyn i'r cyfrifiadur wirio unrhyw benderfyniadau amheus. Mae'r datblygiad technolegol hwn wedi ychwanegu at apêl y gamp ac mae rhywun erbyn hyn yn teimlo bod y chwaraewyr yn cael pob chwarae teg – er mae'n siŵr fod Hawkeye yn gwneud ambell gamgymeriad o bryd i'w gilydd!

Mae cefnogwyr pêl-droed wedi hen arfer gweld chwaraewyr yn ceisio twyllo dyfarnwyr gyda'u deifio didrugaredd ac o ran rygbi ceisio torri'r rheolau, heb dynnu sylw at hynny, yw un o hanfodion tîm llwyddiannus. Mae'n bosib mai'r campau ble mae chwarae teg ar ei amlycaf yw snwcer a golff. Yn gyson gwelir chwaraewyr yn y campau hyn yn cyfaddef eu bod wedi torri'r rheolau er nad yw'r dyfarnwr wedi gweld hynny.

Gyda chymaint o gêmau yn cael eu darlledu a chynifer o gamerâu ym mhob maes mae'n anodd bellach i chwaraewr dwyllo Ond rhaid cofio i Maradona lwyddo i wneud hynny wrth iddo sgorio gyda'i law yn erbyn Lloegr yng Nghwpan y Byd 1986 er bod hynny yn ddigon amlwg i bawb oedd yn gwylio adref. Hefyd, Neil Back yn rownd derfynol Cwpan Heineken 2002 yn erbyn Munster wrth iddo daro'r bêl o afael Peter Stringer wrth iddo yntau baratoi i roi'r bêl i sgrym ger y llinell gais.

O ran yr hyn ddigwyddodd ar yr Oval, roedd angen ystyried pa mor bell ddylai tîm fynd i sicrhau buddugoliaeth ar draul chwarae teg. Yn ffodus i Loegr, Seland Newydd enillodd y gêm, ac wedi ymddiheuriad Collingwood tawelwyd y dyfroedd. Pe bai Lloegr wedi ennill a Collingwood wedi glynu wrth ei benderfyniad gwreiddiol byddai holl hygrededd y gamp wedi ei gwestiynu.

Ym mis Tachwedd bydd Lloegr yn wynebu tîm dethol o India'r Gorllewin mewn gêm ugain pelawd, gyda phob aelod o'r tîm buddugol yn derbyn $1 miliwn yr un a'r tîm sy'n colli yn derbyn dim. Tybed beth fydd rôl chwarae teg mewn gêm o'r fath.

Wythnos gron
7 Gorffennaf 2008
Cynhyrchydd Adran Chwaraeon BBC Cymru, Tomos Owen, sy'n ystyried y cewri bychain.

"Daw dydd y bydd mawr y rhai bychain" yw geiriau Waldo a thros y blynyddoedd mae nifer o rai sy'n fach yn gorfforol wedi gwneud argraff fawr ar fyd y campau.

Yr wythnos ddiwethaf lansiodd Tony Cottey ei hunangofiant *There's Only Two Tony Cotteys*. Dyma ŵr sy'n 5 troedfedd 4 modfedd o ran taldra ond a lwyddodd i ddisgleirio mewn dwy gamp. Chwaraeodd bêl-droed yn broffesiynol i Abertawe yng nghyfnod John Toshack fel rheolwr a chriced i Forgannwg a Sussex. Yn wir, fe yw un o'r ychydig gricedwyr i ennill Pencampwriaeth y Siroedd gyda dwy sir wahanol – Morgannwg yn 1997 a Sussex yn 2003.

Mae Tony Cottey yn un o gymeriadau y byd chwaraeon, a dyma un o'r rhinweddau mae'n siŵr a sicrhaodd ei lwyddiant ac sy'n golygu ei fod i'w glywed fel sylwebydd hwyliog ar ddarllediadau criced Radio Wales ac yn siaradwr poblogaidd mewn ciniawau. Nodwedd arall, mae'n siŵr, oedd ei ddycnwch a'i barodrwydd i frwydro hyd yr eithaf.

Ym myd criced ni ellir ystyried diffyg taldra fel gwendid a

gellir dadlau ei fod yn fanteisiol wrth fatio neu faesu. 5 troedfedd 7 modfedd oedd taldra Don Bradman, y batiwr gorau a fu erioed, tra bod Sachin Tendulkar yn 5 troedfedd 5 modfedd a Brian Lara yn gawr 5 troedfedd 8 modfedd!

Ym myd rygbi mae campau Shane Williams, sy'n 5 troedfedd 7 modfedd, dros y blynyddoedd diwethaf wedi atgyfnerthu'r ddelfryd fod y gêm yn addas ar gyfer chwaraewyr o bob maint. Rhai blynyddoedd yn ôl roedd tueddiad i ddewis chwaraewyr mawr, cydnerth ymhob safle ar draul doniau'r dyn bach. Barn Graham Henry oedd bod Shane yn rhy fach i chwarae rygbi rhyngwladol – tybed os yw e wedi newid ei farn bellach? Byddai'n dda i Graham Henry gofio mai un o sêr Cymru yn y fuddugoliaeth enwog yn erbyn Seland Newydd 'nôl yn 1905 oedd Dickie Owen oedd yn 5 troedfedd 2 modfedd o daldra!

Gyda'r holl sylw diweddar ar Wimbledon, unwaith eto grym chwaraewyr fel y chwiorydd Williams, Federer a Nadal oedd yn amlwg. Ond rhaid cofio mai rhif un y byd o ran y merched 'nôl ym mis Mai oedd Justin Henin, merch 5 troedfedd 5 modfedd o Wlad Belg a enillodd Gystadleuaeth Agored Ffrainc bedair gwaith cyn iddi benderfynu ymddeol. Ydy, mae nerth yn hanfodol mewn tennis ond amlygodd Henin rinweddau eraill sy'n gallu sicrhau llwyddiant a bydd colled fawr ar ei hôl ar y gylchdaith dennis.

Byr o gorff yw rhai o sêr mwyaf byd y bêl gron hefyd gyda Pele yn 5 troedfedd 8 modfedd a Maradona yn 5 troedfedd 5 modfedd. Pwy all anghofio campau Robert Earnshaw yng nghrys Caerdydd a Chymru ac un o chwaraewyr amlycaf Abertawe y tymor diwethaf oedd Leon Britton sy'n 5 troedfedd a 6 modfedd.

Er yr holl enghreifftiau o chwaraewyr sy'n fach o ran taldra yn serennu ym myd y campau, y peryg yn ein hysgolion yw i ganolbwyntio'r sylw ar y plant mawr, cryf. Digon hawdd, mae'n siŵr, yw i dîm rygbi gyda dau neu dri chwaraewr cydnerth i chwalu tîm ysgol arall sydd â phlant llawer llai eu maint. Dyna pam mai canolbwyntio ar y sgiliau sylfaenol ddylid bod yn flaenoriaeth mewn oed cynnar gan roi rhyddid i'r rhai llai eu maint amlygu eu doniau naturiol mewn gêm debyg i rygbi cyffwrdd.

Mae'n siŵr fod sawl un wedi dweud wrth Tony Cottey dros y blynyddoedd ei fod yn rhy fyr i lwyddo ym myd y campau ond mae ei lyfr diweddar yn brawf o eiriau Waldo y "daw dydd y bydd mawr y rhai bychain".

Ble mae'r Cymry?

14 Gorffennaf 2008

Am y tro cyntaf ers yr Ail Ryfel Byd does na'r un Cymro yn cystadlu ym Mhencampwriaeth Agored Prydain eleni. Siom enfawr, medd Cynhyrchydd Adran Chwaraeon BBC Cymru, Tomos Owen.

Gyda chystadleuaeth dennis Wimbeldon bellach yn atgof, bydd y sylw yn troi at y cwrs golff yr wythnos hon pan fydd Pencampwriaeth Agored Prydain yn cael ei chynnal ar gwrs Royal Birkdale. Yn anffodus, yr unig Gymro yn bresennol fydd gohebydd BBC Cymru, John Ifans!

Am y tro cyntaf ers yr Ail Ryfel Byd does na'r un Cymro ymhlith y 156 golffiwr o 27 gwlad wahanol fydd yn cystadlu, ac mae hynny'n siom o ystyried yr holl sylw sydd ar golff yng Nghymru y dyddiau hyn. Mae cwrs y Celtic Manor yn cael ei ddatblygu ar gyfer dyfodiad y Cwpan Ryder i Gymru yn 2010, mae Pencampwriaeth Agored Cymru yn mynd o nerth i nerth, a chynhaliwyd cystadlaethau i chwaraewyr hŷn ac ar y gylchdaith i ferched yma yng Nghymru ond eto prin yw'r Cymry sy'n serennu ar y lefel uchaf ym myd golff.

Bradley Dredge yw'r Cymro sydd wedi ennill fwyaf o arian ar gylchdaith Ewrop y tymor yma ond go brin y bydd e'n sicrhau ei le yn y tîm ar gyfer y Cwpan Ryder eleni. Phil Price fu seren golff Cymru yn ddiweddar wrth iddo chwarae rhan flaenllaw ym muddugoliaeth tîm Cwpan Ryder 2002 ond nid yw wedi profi llwyddiant dros y blynyddoedd diwethaf. Y Cymry mwyaf llwyddiannus ar hyn o bryd yw Ian Woosnam ar y Gylchdaith Hŷn a Becky Brewerton ymhlith y merched.

Byddai'n braf gweld Cymro yn cystadlu yn y Cwpan Ryder yng Nghymru ymhen dwy flynedd ond ar hyn o bryd mae'n anodd rhagweld hyn yn digwydd.

Gellir dweud yr un peth am y gêm griced yng Nghyfres y Lludw yn Stadiwm Swalec ymhen blwyddyn. Oni bai y bydd Simon Jones yn cael ei gynnwys, tîm o Saeson (ac un o Dde Affrica!) fydd yn cynrychioli Lloegr. Mae'n ymddangos bod y Cymry bellach yn dda am drefnu cystadlaethau mawr ond ddim am gystadlu!

Y gobaith yw y bydd llwyfannu'r cystadlaethau mawr yma yng Nghymru yn ysbrydoli'r genhedlaeth nesaf i ymddiddori yn y campau hyn. Efallai y bydd rhaid aros ychydig eto i weld effaith Cyfres y Lludw 2009 a Chwpan Ryder 2010 ar Gymru.

Does yna'r un golffiwr o Gymru erioed wedi ennill y Bencampwriaeth Agored. Roedd Ian Woosnam ar y blaen yn y rownd olaf yn 2001 cyn iddo sylweddoli fod ei gadi yn cario gormod o ffyn yn ei fag! Yn ddiweddar, mynegodd Colin Montgomerie bryder am y diffyg talent o ran golffwyr ifanc yn yr Alban a does yna'r un Sais wedi ennill y Bencampwriaeth ers Nick Faldo yn 1992. Gellir cymryd ysbrydoliaeth. fodd bynnag. o gampau Padraig Harrington a enillodd y llynedd – y Gwyddel cyntaf i wneud hynny.

Mae rhyw rhamant yn perthyn i'r gystadleuaeth hon a gwelwyd digon o ddrama dros y blynyddoedd diweddaf. Pwy all anghofio Jean Van de Velde yn mentro mewn i'r dŵr ar y twll olaf yn Carnoustie yn 1999?

Byddai'n braf gweld Cymro yn dod mor agos â boddi yn ymyl y lan yn y blynyddoedd nesaf ond os nad yw hyn yn bosib beth am drefnu bod y gystadleuaeth yn cael ei chynnal yng Nghymru am y tro cyntaf erioed – ym Machynys neu Gonwy o bosib – wedi'r cyfan, ry'n ni'r Cymry yn dda am drefnu digwyddiadau chwaraeon.

Crusaders yn barod i ffynnu yn y diffeithwch

21 Gorffennaf 2008

Cynhyrchydd Adran Chwaraeon BBC Cymru, Tomos Owen, sy'n trafod gobeithion gweld goreuon y byd rygbi tri ar ddeg yn dod i Gymru.

"Rygbi ar y lefel uchaf 'nôl ym Mhen-y-bont."

Na, dyw Undeb Rygbi Cymru heb ailfeddwl ac ailgyflwyno rhanbarth y Rhyfelwyr Celtaidd. Y Celtic Crusaders yw'r tîm o dan sylw y tro hwn, a rygbi tri ar ddeg yw'r gamp.

Dyma'r wythnos pan gyhoeddir pa dimau fydd yn cael yr hawl i gystadlu yn y Superleague ar gyfer y tri tymor nesaf a byddai gweld y Crusaders Celtaidd yn cael y cyfle i chwarae ym mhrif adran rygbi tri ar ddeg Prydain yn dipyn o hwb i chwaraeon ym Mhen-y-bont a thu hwnt.

Canlyniad penderfyniad Undeb Rygbi Cymru i ddiddymu'r Rhyfelwyr Celtaidd nôl yn 2003 oedd amddifadu cefnogwyr ardal Pen-y-bont a'r Cymoedd o'r cyfle i ddilyn eu tîm rygbi lleol yn cystadlu ar y lefel uchaf. Dyma'r ddwy ardal sydd wedi cynhyrchu canran helaeth o chwaraewyr rhyngwladol Cymru dros y blynyddoedd diwethaf, ac er bod yr Undeb yn hawlio bod y Gleision a'r Gweilch yn cynrychioli'r ardaloedd hyn, go brin fod cyn-gefnogwyr y Rhyfelwyr Celtaidd yn eu dilyn â rhyw lawer o frwdfrydedd.

Mae'n eithaf eironig mai rygbi tri ar ddeg sydd wedi llenwi'r bwlch, o ystyried y berthynas fu rhwng y gamp honno â rygbi'r undeb dros y blynyddoedd. Does dim rhaid edrych yn ôl yn rhy bell i'r gorffennol i'r cyfnod pan oedd chwaraewyr rygbi tri ar ddeg wedi eu gwahardd rhag hyd yn oed mynychu gêmau undeb. Bellach, mae'r Crusaders yn manteisio ar y diffeithwch o ran rygbi'r undeb yn un o'r ardaloedd sydd yn hanesyddol ymysg y mwyaf cynhyrchiol o ran datblygu talent.

Dim ond tair blynedd yn ôl y ffurfiwyd y Crusaders ond ers hynny mae'r tîm wedi mynd o nerth i nerth gan ennill dyrchafiad llynedd o'r Ail Adran, a chystadlu'n effeithiol tua brig yr Adran Gyntaf eleni. Mae'r torfeydd wedi cynyddu a gall unrhyw un sydd wedi bod yn gwylio'r gêmau ar S4C dystio i safon y chwarae.

Byddai gweld timau fel Leeds Rhinos, Bradford Bulls a Wigan Warriors ar Faes y Bragdy, a hynny yn ystod misoedd yr haf, yn siŵr o apelio at garfan newydd o gefnogwyr.

Yr unig bryder ar hyn o bryd yw faint o ymdeimlad Cymreig sydd i'r tîm. Yr hyfforddwr yw John Dixon o Awstralia a chwaraewyr o'r wlad honno yw sêr y tîm. Dwi ddim yn hollol siŵr o gysylltiad y Croesgadwyr ag ardal Pen-y-bont chwaith!

Llywydd y clwb yw Jonathan Davies ond efallai y byddai'n dda gweld chwaraewr amlwg fel Iestyn Harries yn cael ei recriwtio i ddenu'r torfeydd ac i hybu'r ymdeimlad o Gymreictod. Mae'r clwb yn ymdrechu, fodd bynnag, i ddatblygu talent lleol drwy'r ysgolion ac yn eu hacademi, a'r gobaith yw y bydd y chwaraewyr hyn yn cynrychioli'r Crusaders yn y dyfodol.

Methiant fu ymdrech tîm Cymru i gyrraedd rowndiau terfynol Cwpan y Byd a gynhelir yn Awstralia ym mis Hydref a Thachwedd. Mae hynny'n dipyn o siom o ystyried y llwyddiant a brofwyd yn ystod y nawdegau pan arweiniodd Jonathan Davies ei dîm i'r rownd gynderfynol.

Y gobaith yw y bydd y Crusaders nid yn unig yn ffynnu fel clwb ond yn datblygu talent ar gyfer y tîm cenedlaethol yn y dyfodol. Y tristwch i ddilynwyr rygbi'r undeb yng Nghymru yw bod posibilrwydd cryf mai i'r tîm rygbi tri ar ddeg rhyngwladol fydd y Rob Howley neu'r Gavin Henson nesaf yn serennu.

Byd y campau a chelfyddyd yn cwrdd
28 Gorffennaf 2008

Ddyddiau yn unig cyn seremoni agoriadol yr Eisteddfod Genedlaethol mae Cynhyrchydd Adran Chwaraeon BBC Cymru, Tomos Owen, yn camu o fyd y campau i'r maes llenyddol.

Gyda'r Eisteddfod Genedlaethol yng Nghaerdydd ar y gorwel, bydd y cysylltiad rhwng y Brifwyl a byd y campau yn amlwg iawn yn y brifddinas.

Os ydych yn teithio yn y car ac yn anelu at faes parcio Lecwydd, fe gewch gyfle i weld stadiwm newydd Clwb Pêl-droed Caerdydd a thîm rygbi Gleision Caerdydd – stadiwm sy'n datblygu'n ddyddiol.

Os mai ar y trên fyddwch chi'n cyrraedd, fe fydd Stadiwm y Mileniwm yn eich wynebu wrth adael yr orsaf ac wrth gerdded at Faes y Brifwyl drwy Erddi Soffia fe fyddwch yn pasio Stadiwm Swalec, cartref newydd sbon Clwb Criced Morgannwg a lleoliad un o gêmau prawf Cyfres y Lludw flwyddyn nesaf.

Mae Maes yr Eisteddfod ei hun wedi ei leoli ar Gaeau Pontcanna – meysydd chwarae y cyngor, ble chwaraeir pêl-droed ym misoedd y gaeaf a chriced yn ystod yr haf.

Mae ambell gricedwr yn anfoddog gydag ymweliad yr Eisteddfod â Chaeau Pontcanna: felly, wrth gerdded o'r Pafiliwn i'r Babell Lên gochelwch rhag i chi ddifrodi llain griced Pontcanna 3!

Cadeirydd y Pwyllgor Gwaith yw'r sylwebydd o fri Huw Llywelyn Davies, a'r archdderwydd newydd fydd Dic Jones, sydd wedi ysgrifennu cerdd am Barc yr Arfau. Hyfforddwr blaenwyr Cymru, Robin McBryde, fydd Ceidwad y Cledd gan olynu yr arwr mawr ei hun, Ray Gravell. Mae Aelodau'r Orsedd yn cynnwys enwau cyfarwydd o fyd chwaraeon megis Gareth Edwards, Robert Croft a Clive Rowlands.

Mae nifer o'r beirdd yn ymddiddori ym myd y campau gyda nifer ohonynt wedi ysgrifennu cerddi am eu harwyr. Dyna i chi gerdd Tudur Dylan Jones i Ryan Giggs:

Mae ein holl wefr mewn un llanc
Y diofid o ifanc

neu Myrddin ap Dafydd i Ieuan Evans:

Ers oes pys mae'n aros pêl,
a'i garnau am y gornel.

Criced oedd camp y cyn-archdderwydd Dafydd Rowlands, a lwyddodd i ddenu Syr Garfield Sobers i ymddangos yn y gyfres deledu *Licyris Olsorts* ac a enwodd ei gyfrol o gerddi yn *Sobers a Fi.*

Mae nifer o brifeirdd yn ymddiddori ym myd criced ac mae'n siomedig mai ym Mae Colwyn fydd tîm Morgannwg yn chwarae tra bod yr Eisteddfod yn ymweld â'r brifddinas. Rhaid dweud bod y beirdd yn cael gwell hwyl ar ysgrifennu cerddi am fyd y campau nag y mae'r sêr sy'n rhagori ar y maes chwarae yn ei gael ar ysgrifennu barddoniaeth! Yn 1976, cyhoeddodd rheolwr presennol tîm pêl-droed Cymru, sy'n enedigol o Gaerdydd, gyfrol o gerddi o dan y teitl *Gosh it's Tosh*. Mae ei gerddi yn cynnwys un am gêm rhwng Cymru a Lloegr.

Wales come out in brand new kit,
But I don't play 'cos I'm not fit.

Ac un am y daith 'nôl o gêm yn Sbaen:

We're coming in to land at Speke,
My legs are feeling very weak,
We've just returned from Barcelona,
And now I'm going for a sauna.

Go brin y gwelwn ni John Toshack yn codi ar alwad y Corn Gwlad ym Mhrifwyl Caerdydd a'r Cylch eleni!

Wythnos gron

4 Awst 2008

Cynhyrchydd Adran Chwaraeon BBC Cymru, Tomos Owen, sy'n edrych ymlaen at y Gêmau Olympaidd draw, draw yn Tseina.

Gellir ffurfio'r dyddiad 08-08-08 drwy ddefnyddio cylchoedd yn unig. Yr wythnos hon dyma fydd diwrnod seremoni agoriadol y Gemau Olympaidd – sydd â'i logo, yn addas iawn, yn cynnwys pum cylch. Bydd y seremoni ar 08-08-08 yn dechrau yn Beijing am wyth eiliad wedi wyth o'r gloch.

Am ryw reswm, bydd y gystadleuaeth bêl-droed yn dechrau ddeuddydd cyn y seremoni agoriadol ond am yr wythnosau nesaf bydd sylw'r byd ar Beijing, a'r digwyddiad mwyaf ym myd y campau.

Canolbwynt y sylw fydd Stadiwm athletau newydd y "Nyth

Aderyn" sy'n drawiadol iawn yn bensaernïol. Ond mae'n siŵr y bydd llawn gymaint o sylw ar wleidyddiaeth gyda hawliau dynol Tseina a chyflwr yr amgylchedd yn Beijing o dan y chwyddwydr. Fyddai'r un Gêmau Olympaidd yn gyflawn chwaith heb ambell stori am athletwyr yn cam-ddefnyddio cyffuriau.

Y gobaith yw mai'r campau fydd yn denu'r prif sylw gyda chystadleuwyr gorau'r byd yn brwydro am y medalau.

Yn eu plith bydd 12 Cymro, gyda'r seiclwyr Nicole Cooke a Geraint Thomas, y nofiwr David Davies a'r rhwyfwyr Tom James a Tom Lucy ymhlith y rhai fydd yn obeithiol o ennill medal.

Oherwydd y gwahaniaeth amser bydd mwyafrif y cystadlu yn ystod oriau'r nos ond bydd gwasanaethau'r BBC yn darparu uchafbwyntiau drwy gydol y dydd ar deledu, radio ac arlein. Rhodri Llywelyn fydd yn gohebu ar ran Radio Cymru a Newyddion S4C yn Beijing.

Mae'n siŵr y bydd sawl un, fodd bynnag, yn cael eu temtio i godi'n gynnar neu i dreulio noson hwyr o flaen y teledu i wylio rhyw ras neu gêm arbennig dros yr wythnosau nesaf.

Mae'r Gêmau Olympaidd yn cael eu cofio am ddigwyddiadau neu unigolion arbennig. Kelly Holmes oedd seren Prydain ar y trac yn y gêmau diwethaf yn Athen, a Cathy Freeman oedd arwres fawr Awstralia yn gêmau Sydney.

Y tebygrwydd yw mai Usain Bolt fydd un o sêr y gêmau yn Beijing, y gŵr sydd yn dal record 100m y byd ac a fydd hefyd yn cystadlu yn y 200m. Bydd gobeithion y Tsieniaid ar ysgwyddau Liu Xiang, a enillodd y fedal aur yn Athen yn y ras 110m dros y clwydi. Yn y pwll nofio mae rhai yn darogan y gallai'r Americanwr Michael Phelps dorri record Mark Spitz o saith medal aur mewn un Gêmau Olympaidd.

Bydd rhai o enwau mwyaf cyfarwydd y byd chwaraeon yn cystadlu mewn campau fel tennis a phêl-droed a bydd sawl enw anghyfarwydd hefyd yn siŵr o hawlio'r penawdau mewn cystadlaethau amrywiol dros yr wythnosau nesaf. Un fydd yn cael cryn sylw, mae'n siŵr, fydd y deifiwr 14 oed o Loegr, Tom Daley. Mae'n siŵr mai magu profiad fydd ei brif nod ef yn

Beijing ar gyfer Gêmau'r dyfodol.

Wrth sôn am y dyfodol, os oeddech chi'n meddwl bod llawer o sylw yn y cyfryngau i'r Gêmau Olympaidd dros yr wythnosau nesaf, dychmygwch beth fydd y sefyllfa ymhen pedair blynedd pan fydd Llundain yn gartref i'r Gêmau!

Wythnos gron

11 Awst 2008

Rhaid disgwyl yr annisgwyl ym myd y campau, meddai Cynhyrchydd Adran Chwaraeon BBC Cymru, Tomos Owen.

Ar ddechrau'r tymor pêl-droed a rygbi, mae'r cyfryngau yn llawn o broffwydoliaethau am yr hyn sydd am ddigwydd dros y misoedd nesaf. Yr unig beth sydd yn bosib ei ddarogan yw y dylid disgwyl yr annisgwyl.

Er cystal yw barn yr arbenigwyr honedig, yr hyn sydd yn gwneud byd chwaraeon mor ddiddorol yw'r hyn nad ydynt hwy na neb arall yn gallu ei rag-weld.

Pe byddai'r hyn sy'n cael ei broffwydo ar ddechrau tymor yn cael ei wireddu byddai'n dymor ofnadwy o ddiflas. Holl hanfod byd y campau yw bod yr amhosib, o bryd i'w gilydd, yn bosib.

Roedd hi'n ddigon hawdd rhag-weld y tymor diwethaf mai'r pedwar tîm mawr – Man Utd, Arsenal, Chelsea a Lerpwl – fyddai ar frig Uwch Gynghrair Lloegr ond yr hyn gydiodd yn y dychymyg oedd y ffaith i Gaerdydd gyrraedd rownd derfynol Cwpan FA Lloegr.

Pwy fyddai wedi proffwydo flwyddyn yn ôl y byddai Aaron Ramsay o Ysgol Gyfun Cwm Rhymni o fewn deuddeg mis wedi chwarae yn y rownd derfynol honno yn Wembley a chwta deufis wedyn wedi wynebu Juventus a Real Madrid yn lliwiau Arsenal?

Pwy fyddai wedi rhag-weld fis Medi diwethaf, wedi i Gymru golli i Ffiji yng Nghwpan Y Byd, y byddai'r tîm o fewn rhai misoedd yn ennill y Gamp Lawn ac yn codi Pencampwriaeth y Chwe Gwlad?

Yr elfen annisgwyl sy'n cynhyrfu'r cefnogwyr ac sy'n eu denu i wylio. Dyma'r rheswm fod cwmnïau teledu a radio yn talu miliynau o bunnoedd am yr hawliau i ddarlledu gêmau yn fyw. Mae gwylio uchafbwyntiau yn dderbyniol ond does dim yn cymharu gyda gwylio gêm yn fyw – fe allai unrhyw beth ddigwydd, unrhyw bryd.

Roedd digon o arbenigwyr wedi proffwydo y gallai Nicole Cooke ennill medal aur yn Beijing. Ond roedd gwylio'r ras yn fyw ar y teledu yn ddrama pur.

Un funud roedd Cooke yn edrych yn ddigon cyfforddus yn rhan o'r pum beiciwr oedd ar y blaen yn y ras cyn i'r cyfarwyddwr teledu benderfynu, am ryw reswm, i ganolbwyntio ar y pelaton gyda 1km i fynd. Erbyn i ni ddychwelyd at y beicwyr oedd yn cystadlu am y medalau roedd Cooke nifer o fetrau y tu ôl i'r gweddill, gyda'r sylwebydd na neb gartref yn gwybod pam!

Yn ffodus, fel a ddigwyddodd yng Ngêmau'r Gymanwlad ym Manceinion, ailymunodd Cooke gyda'r grŵp a oedd ar y blaen, gan gipio medal aur gyntaf Cymru yn y Gêmau Olympaidd ers Richard Meade yn 1972. Heb os, dyma un o eiliadau mawr hanes chwaraeon yng Nghymru.

Yr unig siom oedd na chafodd Cooke y cyfle i ddathlu gyda'i baner genedlaethol yn cyhwfan i sain ei hanthem genedlaethol.

Yr wythnos ddiwethaf bu cryn drafod am y ffaith na chafodd 'HenWlad fy Nhadau' ei chanu ar ddiwedd cyngerdd teyrnged Grav yn yr Eisteddfod Genedlaethol. Yn reddfol, fodd bynnag, dechreuodd y dorf ganu'r anthem – adlais o'r hyn a ddigwyddodd yn Heol Lansdowne yn y saithdegau pan na chwaraewyd ein hanthem genedlaethol ond gyda Grav a'i gyd-chwaraewyr yn bloeddio ein hanthem genedlaethol ymysg ei gilydd.

Cofir hefyd mai ymateb y dorf i Haka Seland Newydd yn 1905 oedd y tro cyntaf y canwyd yr anthem genedlaethol cyn unrhyw gêm.

Ydyn, mae cefnogwyr yn ymateb i'r annisgwyl a thra bod modd proffwydo yr hyn sydd am ddigwydd, yr hyn fydd yn ein cynhyrfu dros y misoedd nesaf yw'r hyn na fyddem yn meiddio ei rag-weld.

Barod i wneud yr ymdrech
18 Awst 2008

Oes modd cymharu'r ymdrech rhwng y campau yn y Gêmau Olympaidd? Dyna gwestiwn Cynhyrchydd Adran Chwaraeon BBC Cymru, Tomos Owen.

Wythnos wedi camp arwrol Nicole Cooke yn ennill medal aur i Gymru yn y Gêmau Olympaidd, mae'n ymddangos bod eraill wedi cyflawni'r nod yn fwy diymdrech.

Does ond angen cymharu Cooke wedi llwyr ymlâdd ar ddiwedd ei ras, wedi iddi seiclo am dros dair awr yn y glaw trwm, gyda'r nofiwr/pysgodyn Michael Phelps ar ddiwedd ei ras yntau a oedd wedi sicrhau'r wythfed medal aur iddo yn Beijing.

Ydy, mae Michael Phelps yn ffenomen, ond gellir dadlau mai nofiwr rhyfeddol yw e sydd yn digwydd bod yn gallu cystadlu mewn wyth ras wahanol.

Pe bai'r gystadleuaeth dennis yn rhoi medal am serfio, y foli, y *backhand* a'r *forehand* mae'n siŵr y byddai Rafael Nadal wedi ennill pedair medal aur!

Heb os, Michael Phelps yw Steffan Rhys Hughes (y bachgen o Landyrnog, sy'n ennill cystadleuaethau di-ri yn ein heisteddfodau Cenedlaethol) y Gêmau Olympaidd. Mae Phelps yn dalent anhygoel, gan ennill mwyafrif ei rasus yn hawdd, gan dorri sawl record byd.

Ond mae ei gamp yn edrych mor ddiymdrech o'i chymharu â'r rhedwyr marathon neu'r rhwyfwyr sydd prin yn gallu sefyll ar eu traed wedi eu holl ymdrech hwy.

Un o olygfeydd mwyaf rhyfeddol y Gêmau hyd yn hyn oedd Usain Bolt yn arafu a dathlu cyn cyrraedd y linell terfyn yn y ras 100m ar y trac ac yntau yn chwalu'r record byd yn y broses.

Ond a yw hi'n deg cymharu'r gwahanol gampau? Mae'n siŵr fod y cystadleuwyr yn ymarfer cymaint â'i gilydd ac mai ymddangos yn ddi-ymdrech y mae'r goreuon oherwydd eu dawn naturiol a'u holl baratoadau trylwyr.

Bu tipyn o sylw yn y wasg yn ystod yr wythnos am batrwm diwrnod cyffredin ym mywyd Michael Phelps a'r ffaith ei fod yn bwyta tua 12,000 o galorïau y dydd – chwe gwaith yn fwy na'r dyn cyffredin. Mae'n rhaid ei fod yn ymarfer yn ddigon caled i losgi'r nifer anhygoel hyn o galorïau.

Er bod dawn naturiol Usain Bolt yn amlwg i bawb, mae'n siŵr ei fod yntau hefyd yn ymarfer am oriau ac oriau i berffeithio'i dechneg.

Penllanw blynyddoedd o baratoi yw'r Gêmau Olympaidd a dyw'r gwylwyr gartref ddim yn gweld yr holl ymdrech ac aberth y mae'r cystadleuwyr yn ei roi wrth baratoi at y diwrnod mawr. I rai, deg eiliad neu lai sydd ganddynt i greu argraff – i eraill mae'r artaith yn hirach ac yn ymddangos yn fwy o ymdrech.

Mewn rhaglen deledu a ddarlledwyd yn ddiweddar, gwnaed profion ar y cyn-athletwr Colin Jackson a ddatgelodd ei fod e ymhlith y ganran uchaf o'r boblogaeth o ran y gallu i ganolbwyntio.

Oedd, roedd Jackson yn athletwr o fri, ond mae'n bosib mai'r hyn a'i gwnaeth yn bencampwr oedd ei ddawn i berfformio o dan bwysau mewn ras benodol. Bymtheg mlynedd yn ôl i'r wythnos hon yr amlygwyd hyn ar ei orau wrth iddo dorri'r record byd yn Stuttgart.

Dyw Ronnie O'Sullivan neu Phil Taylor ddim i weld yn chwysu gormod wrth serennu yn eu campau hwy ond mae'r pwysau emosiynol sydd arnynt i ganolbwyntio dros gyfnod penodol yn aruthrol.

Rhaid parchu'r rhinweddau gwahanol sydd i gampau amrywiol. Efallai bod ambell athletwr yn cael trafferth i dynnu anadl mewn cyfweliad ar ôl ras, tra bod eraill yn ymddangos fel petaent wedi bod yn y siop yn prynu peint o laeth, ond yr un yw'r wobr yn y pen draw – y fedal aur.

Opsiwn arall i'r rhai sy'n gyfrifol am drefnu'r Gêmau

Olympaidd fyddai ystyried cyflwyno medalau aur serennog mewn rhai campau fel y gwneir gyda'r arholiadau TGAU!

Wythnos gron

25 Awst 2008

Mae Cynhyrchydd Adran Chwaraeon BBC Cymru, Tomos Owen, yn amau os caiff Rob Earnshaw gyfle arall gyda Chymru.

Gyda'r baton Olympaidd wedi ei drosglwyddo o Beijing i Lundain, does ond gobeithio y bydd y ddinas yn dal gafael arno yn dynnach na gwibwyr timau ras gyfnewid Prydain!

Mae tipyn o hanes gan ein timau ras gyfenwid o gwympo'r baton mewn prif gystadlaethau a doedd Gêmau Olympaidd 2008 yn ddim gwahanol. Y tro hwn daliodd America yr un afiechyd, gyda'r dynion a'r merched yn methu cwblhau eu rasus hwy. Yr eithriad, wrth gwrs, oedd bedair blynedd yn ôl yn Athen pan gipiodd y tîm 4x100m i ddynion y fedal aur o dan hyfforddiant y Cymro Cymraeg Steve Perks.

Mewn rhaglen yn ddiweddar ar Radio Cymru soniodd Perks fod y ras honno yn benllanw deuddeg mlynedd o waith caled. Go brin fod unrhyw swydd arall ble mesurir llwyddiant neu fethiant deuddeg mlynedd o waith mewn llai na 40 eiliad. Ond dyna realiti byd chwaraeon, mae'r gwahaniaeth rhwng llwyddiant a methiant yn fychan a rhaid manteisio ar bob cyfle, er mor brin i wneud eich marc.

Ym myd criced, gall un pêl roi diwedd ar gyfraniad batiwr i gêm, tra wrth chwarae snwcer mae'n bosib colli ffrâm heb gael cyfle i chwarae yr un ergyd.

Mae'n siŵr mai teimladau felly sydd gan Robert Earnshaw ar y funud. Earnie oedd arwr mawr Clwb Pêl-droed Caerdydd rhwng 1997 a 2004 gan sgorio 85 gôl mewn 178 o gêmau. Yn ystod y cyfnod hwn, profodd lwyddiant gyda Chymru, gan sgorio gôl gofiadwy yn ei gêm gyntaf i sicrhau buddugoliaeth yn erbyn yr Almaen a *hat trick* yn erbyn yr Alban. Yn wir Robert Earnshaw, mae'n debyg, yw'r unig chwaraewr i sgorio hat trick ym mhob un o adrannau cynghreiriau Lloegr, y prif gwpanau ac ar y llwyfan rhyngwladol.

Wedi iddo symud i West Brom y dechreuodd ei drafferthion, wrth i Bryan Robson ei ddefnyddio yn bennaf fel eilydd, Er hyn, parhau i sgorio wnaeth Earnie, gan orffen ei dymor cyntaf gyda'r Baggies fel y prif sgoriwr. Wedi ei anwybyddu am fwyafrif tymor 2005-2006 symudodd i glwb Norwich ble unwaith eto llwyddodd i sgorio'n rheolaidd gyda 27 gôl mewn 45 gêm cyn symud i Derby, ble unwaith eto ar y cyrion roedd 'Earnshaw bach', fel y'i disgrifir gan Idris Charles. Canlyniad anorfod diffyg gêmau ar lefel clwb oedd colli'i le yn y tîm rhyngwladol.

Roedd dechrau'r tymor yma yn ymddangos yn addawol. Symudodd i Nottingham Forest am £2.65m gyda'r addewid o fod yn brif ymosodwr y clwb – prawf i Earnshaw fod rhywun yn parhau â ffydd yn ei allu. Cafodd hwb ychwanegol gyda'i le yn ôl yng ngharfan ryngwladol John Toshack ac roedd yn awchus am ei gyfle yn y gêm gyfeillgar yn erbyn Georgia. Deg munud gafodd Earnshaw ar ddiwedd y gêm yn Stadiwm Liberty, cafodd un hanner cyfle aflwyddiannus a dyna Earnshaw wedi colli ei le yn y garfan ar gyfer gêmau rhagbrofol Cwpan y Byd.

Bydd rhaid i Earnshaw, fel y timau ras gyfnewid a'r batiwr criced neu'r chwaraewr snwcer aros eto yn amyneddgar am ei gyfle i wneud argraff. O leiaf yn Nottingham Forest mae'n cael cyfle rheolaidd i greu argraff a phrofi bod ganddo'r gallu o hyd i sgorio goliau yn gyson.

Ond gyda baton pêl-droed Cymru yn cael ei drosglwyddo'n hyderus i'r prif dîm o'r tîm dan 21ain, does dim sicrwydd y caiff Robert Earnshaw gyfle arall i ddangos ei allu gyda thîm cenedlaethol Cymru o dan John Toshack.

Wythnos gron

1 Medi 2008

Cynhyrchydd Adran Chwaraeon BBC Cymru, Tomos Owen, sy'n edrych ymlaen at y tymor rygbi newydd ac ymgyrch Cymru yn rowndiau rhagbrofol Cwpan y Byd.

Bydd yna ddwy daith yn dechrau y penwythnos yma ond bydd y teithwyr yn anelu at yr un lleoliad – De Affrica.

Wrth ddilyn ein tîm pêl-droed cenedlaethol gallwn ddisgwyl taith hir a throellog fydd yn ymweld â gwledydd cyfarwydd fel Yr Almaen, Rwsia, Y Ffindir ac Azerbaijan ac ambell un newydd fel Liechtenstein. Bydd nifer o'r teithwyr yn ifanc a dibrofiad ond er bod tipyn o ansicrwydd wrth ddechrau'r siwrne mae yna gryn dipyn o gyffro a gobaith. Wedi'r cyfan, mae yna ddwylo diogel a phrofiadol wrth y llyw.

O ran y chwaraewyr rygbi, dim ond ambell unigolyn sy'n llygadu'r siwrne i Dde Affrica ar ddechrau'r tymor. I'r mwyafrif, cyrraedd Twickenham ym mis Ebrill neu Gaeredin ddiwedd mis Mai yw'r nod. Ar y ffordd bydd rhai o'r teithwyr yn gobeithio cael eu gwobrwyo gydag ymweliadau â'r Alban, Ffrainc a'r Eidal a sawl diwrnod cofiadwy yng Nghaerdydd.

Ydy, mae'n ddechrau ar y tymor rygbi newydd, fydd yn dod i ben ym mis Gorffennaf gyda thaith y Llewod i Dde Affrica. Os nad yw hynny'n ddigon mae hefyd yn ddechrau ar ymgyrch tîm pêl-droed Cymru i gyrraedd Cwpan y Byd yn Ne Affrica yn 2010.

Mae cryn dipyn o edrych ymlaen at y tymor rygbi newydd gyda'r tîm cenedlaethol yn wynebu Seland Newydd, De Affrica ac Awstralia yng ngêmau'r Hydref cyn amddiffyn teitl Pencampwriaeth y Chwe Gwlad yn y flwyddyn newydd.

O ran y timau rhanbarthol, bydd y Scarlets yn symud i'w stadiwm newydd mewn rhai misoedd yn weddol hyderus. Maent wedi cryfhau'r pac yn sylweddol gyda nifer o chwaraewyr profiadol o Hemisffer y De ac mae Nigel Davies wedi penodi tîm hyfforddi cryf i'w gynorthwyo. Fe fydd e, fodd bynnag, yn gobeithio nad yw'r anaf i Regan King cyn dechrau'r tymor yn arwydd o'r hyn sydd i ddod ar Barc y Strade/Scarlets.

Dyma fydd tymor olaf y Gleision ar Barc yr Arfau wrth iddyn nhw baratoi i rannu stadiwm newydd gyda thîm pêldroed y brifddinas. Bydd Dai Young yn gobeithio adeiladu ar berfformiadau'r tymhorau diwethaf ac mae wedi gosod pwysau ychwanegol ar ei ysgwyddau drwy hawlio mai dyma garfan gryfaf y Gleision ers iddo fod yn hyfforddwr.

Bydd y Gweilch yn awyddus i geisio gwireddu'u potensial diamheuol (eto) a hynny heb brif hyfforddwr. Sean Holley a Jonathan Humphreys fydd yng ngofal y tîm ar ddechrau'r tymor tra bydd Andrew Hore yn rheoli yn y cefndir. Cwpan Heineken yw prif darged y Gweilch ond fydd hi ddim yn hawdd mewn grŵp sy'n cynnwys Caerlŷr a Perpignan.

O ran y Dreigiau, fe fyddan nhw unwaith eto yn gobeithio cystadlu yn fwy cyson gyda'u hadnoddau prin. Maen nhw hefyd wedi arwyddo nifer o chwaraewyr newydd gan gynnwys y capten dylanwadol o Seland Newydd, Tom Willis, a bydd cael Colin Charvis fel rhan o'r tîm hyfforddi yn siŵr o ysbrydoli nifer o'r chwaraewyr.

Bydd hi'n ddiddorol gweld sut bydd y chwaraewyr, y dyfarnwyr a'r cefnogwyr yn ymateb i'r rheolau newydd sydd wedi eu cyflwyno. Mae'n siŵr y bydd yna rywfaint o ddryswch i ddechrau ond gobeithio na fyddan nhw'n tarfu gormod ar y gêmau ac y byddan nhw'n cyflawni'u nod o wneud y gêm yn fwy atyniadol ond heb golli dim o'i hanfodion sylfaenol.

Caiff y chwaraewr rygbi gyfle i addasu'n raddol ar ddechrau eu taith hwy ond i'r pêl-droedwyr byddai methu sicrhau buddugoliaeth yn erbyn Azerbaijan b'nawn Sadwrn yn dolc enfawr yn y cerbyd, ac yntau newydd adael y garej.

Wythnos gron

8 Medi 2008

Cynhyrchydd Adran Chwaraeon BBC Cymru, Tomos Owen, sy'n gofyn a yw hi'n bryd cyfuno'r Gêmau Paralympaidd gyda'r Gêmau Olympaidd.

Seremoni agoriadol drawiadol yn Stadiwm y Nyth a seiclwr o Gymru yn ennill medal aur gyntaf tîm Prydain.

Mae'r pennawd yr un mor addas ar ddechrau mis Medi ag ydoedd ar ddechrau mis Awst. Wedi holl gyffro'r Gêmau Olympaidd a dathlu llwyddiant 'Team GB' mae'r sylw bellach wedi troi at y Gêmau Paralympaidd yn Beijing.

Mae'n debyg fod yr enw Paralympics wedi ei fathu yn wreiddiol i gyfeirio at y ffaith mai athletwyr paraplegic oedd yn cymryd rhan yn y Gêmau.

Ond gydag athletwyr ag anableddau amrywiol bellach yn cymryd rhan, yr esboniad swyddogol yw mai o'r gair Groeg *para* sy'n golygu 'ar y cyd' neu 'yn cyd-redeg' yw tarddiad yr enw.

Ond a yw'r Gêmau Paralympaidd yn cyd-redeg gyda'r Gêmau Olympaidd mewn gwirionedd? Bydd yr athletwyr yn cael y wefr o ddefnyddio'r un trac ag y gwnaeth Usain Bolt wrth ein gwefreiddio rai wythnosau yn ôl ond go brin y byddan nhw'n cael y fath sylw. Oni fyddai'n wych o beth gweld rownd derfynol y ras 100m mewn cadair olwyn yn cael ei chynnal yn syth cyn ras y 100m i ddynion yn y Gêmau Olympaidd o flaen stadiwm orlawn, a'r ddau enillydd yn cael cyd-ddathlu eu llwyddiant o flaen camerâu'r byd?

Oes angen i'r Gêmau Olympaidd a'r Gêmau Paralympaidd gael eu cynnal ar wahân, neu a oes modd cyfuno'r ddau? Dyna ddigwyddodd yng Ngêmau'r Gymanwlad ym Manceinion 2002 ble roedd y cystadlaethau amrywiol yn cyd-redeg am y tro cyntaf. Does dim amheuaeth y byddai modd arbed tipyn o arian o gynnal un seremoni agoriadol a chloi, heb sôn am un dathliad wrth i'r athletwyr ddychwelyd o Beijing. Ond mae'n siŵr fod y ddau ddigwyddiad wedi tyfu i'r fath raddau fel y byddai'n anodd eu cyfuno.

129

Efallai y dylid ystyried cyfyngu ar y nifer o gampau er mwyn sicrhau fod yr athletwyr Paralympaidd yn cael cystadlu 'ar y cyd' go iawn gyda'r athletwyr yn y Gêmau Olympaidd. Mae yna ambell athletwr Paralympaidd, fel Oscar Pistorius o Dde Affrica, wedi ceisio cystadlu yn y Gêmau Olympaidd, ond methodd â chyrraedd yr amser angenrheidiol ar gyfer y 400m a hynny o ryw eiliad yn unig. Byddai gweld athletwr fel Pistorius neu'r 'Blade Runner' yn cystadlu yn yr un ras â Jeremy Wariner yn Beijing wedi bod yn dipyn o hwb i chwaraeon anabl.

Ond a yw hi'n deg disgwyl i athletwr sydd ag anabledd gystadlu yn erbyn athletwyr heb anabledd? Wedi'r cyfan, mae camp yr athletwyr sydd ag anableddau dipyn yn fwy gan eu bod nhw yn gorfod goresgyn anabledd cyn dechrau meddwl am ymarfer a chystadlu yn eu campau amrywiol. Nid bod yr athletwyr hynny yn cwyno nac am gael eu trin yn wahanol. Maen nhw'n falch o'r cyfle o gael cystadlu yn erbyn goreuon y byd a cheisio cipio'r medalau. Mae'r athletwyr hyn yn haeddu'r un sylw, os nad yn fwy na'r athletwyr oedd yn cystadlu yn y Gêmau Olympaidd, ond go brin y byddant yn cael yr un gydnabyddiaeth.

Roedd llwyddiant athletwyr o Gymru yn y Gêmau Paralympaidd diwethaf yn rhyfeddol wrth iddyn nhw ddychwelyd gyda 27 medal. Pe bai Cymru wedi cystadlu fel gwlad annibynnol byddai wedi gorffen yn y 13eg safle yn y tabl a fyddai'n cynnwys 136 gwlad – tipyn o gamp.

Mae'r gwybodusion yn proffwydo llwyddiant tebyg yn Beijing eleni, felly gallwn ddisgwyl parti arall y tu allan i'r Senedd ar ddiwedd y mis!

Y pwysau ar Gymru yn cynyddu

15 Medi 2008

Mae swyddogion y Celtic Manor a Stadiwm Swalec yn wynebu cyfnod anodd wrth fynd i'r afael â threfnu dau o ddigwyddiadau mawr y byd chwaraeon, medd Cynhyrchydd Adran Chwaraeon BBC Cymru, Tomos Owen.

Gyda'r holl drin a thrafod diweddar ynglŷn â sefydlu tîm pêl-droed Prydeinig ar gyfer Gêmau Olympaidd 2012, mae disgwyl i'n teyrngarwch y penwythnos hwn fod gyda thîm sy'n cynrychioli Ewrop.

Bob dwy flynedd mae cyfle i gefnogi tîm sy'n cynrychioli cyfandir cyfan a hynny yn y Cwpan Ryder wrth i olffwyr gorau Ewrop herio America.

Go brin fod y chwaraewyr na'r cefnogwyr yn teimlo'r un balchder o chwifio baner Ewrop yn hytrach nag un eu gwledydd unigol, ond mae'r ymdeimlad o berthyn sy'n cael ei greu yn ystod cystadleuaeth Cwpan Ryder yn rhywbeth arbennig.

Gêm i unigolion yw golff fel arfer, felly mae'r cyfle i gynrychioli tîm yn cael ei drysori gan y chwaraewyr. Mae gwneud hynny fel rhan o dîm sy'n cynrychioli Ewrop a chael cyd-gystadlu gyda goreuon y gwledydd hynny yn gyfle prin ac unigryw.

Does dim amheuaeth fod Cwpan Ryder ymhlith un o ddigwyddiadau mawr y byd chwaraeon. O ran yr Americanwyr mae'r gystadleuaeth yn golygu llawer mwy iddynt na Chwpan Pêl-droed y Byd, a does dim pwynt crybwyll Cwpan Rygbi'r Byd neu Gyfres Griced y Lludw y tu hwnt i Fôr Iwerydd!

Mae'r ffaith mai ar gwrs y Celtic Manor y bydd y gystadleuaeth nesaf yn cael ei chynnal ymhen dwy flynedd yn golygu y bydd llygaid canran helaeth o'r byd ar Gymru am y penwythnos arbennig hwnnw.

Bydd pwysau mawr ar y trefnwyr i ofalu nid yn unig fod y cwrs o'r safon uchaf ond fod y cyfleusterau yn gyffredinol yn plesio. Wedi'r cyfan, mae'n debygol y bydd pobl fel Bill Clinton, George Bush a Michael Jordan ymhlith y rhai fydd yn ymweld â'r gystadleuaeth.

Mae'r un pwysau yn wynebu Clwb Criced Morgannwg wrth iddyn nhw baratoi at lwyfannu gêm gyntaf Cyfres y Lludw yn Stadiwm Swalec yr haf nesaf. Ni ellir hawlio y bydd llygaid y byd ar Gaerdydd gan mai ond mewn gwledydd penodol y chwarëir criced ond dyma gyfres fwyaf arwyddocaol y gamp, a bydd pawb sy'n ymwneud â hi yn edrych gyda llygad barcud ar y stadiwm newydd yn y brifddinas.

Bu'r wythnos ddiwethaf yn un ble amlygwyd y pwysau mawr sy'n wynebu'r trefnwyr. Ni ellir eu beio nhw am y ffaith fod y glaw wedi tarfu ar y gêm undydd rhwng Lloegr a De Affrica, a fyddai wedi bod yn gyfle perffaith i brofi gallu'r stadiwm i ddelio â thorf fawr. Ond beirniadwyd safon y gorchuddion yn hallt a bu rhai beirniaid yn cwestiynu pa mor addas yw'r stadiwm ar gyfer cynnal gêm brawf, heb sôn am un o gêmau Cyfres y Lludw.

Dwysaodd y pryderon yn ystod yr wythnos wrth i bedwar diwrnod o'r gêm rhwng Morgannwg a Swydd Gaerwrangon gael eu colli o ganlyniad i law trwm ddechrau'r wythnos. Mae'n bur amlwg fod yna broblemau dybryd gyda system ddraenio y stadiwm newydd ac mae cynlluniau eisoes ar droed i ddatrys y broblem dros fisoedd y gaeaf.

Yn goron ar yr wythnos hunllefus i swyddogion y clwb daeth y newyddion fod y Prif Weithredwr, Mike Fatkin, wedi gadael ei swydd – gŵr oedd yn gwbl ganolog ac allweddol wrth drefnu'r gêm yng Nghyfres y Lludw.

Mae'n amlwg fod y pwysau rhyfeddol sydd ar y clwb i greu argraff wedi bod yn ormod i ambell un yn ystod yr wythnos a does ond gobeithio y gellir adfer trefn yno'n fuan.

Mae swyddogion y Celtic Manor a Stadiwm Swalec yn wynebu cyfnod anodd wrth iddynt fynd i'r afael â threfnu dau o ddigwyddiadau mawr y byd chwaraeon. Mae'n hanfodol creu argraff ac mae angen arweiniad clir i sicrhau hynny.

Ond os yw'r pwysau sydd arnyn nhw yn rhyfeddol, meddyliwch am y golffiwr allai wynebu ergyd allweddol ar y lawnt olaf y penwythnos hwn i benderfynu tynged tîm sy'n cynrychioli cyfandir cyfan!

Wythnos gron
22 Medi 2008

Wythnos o gêmau darbi sy'n denu sylw Cynhyrchydd Adran Chwaraeon BBC Cymru, Tomos Owen.

Gyda chlybiau pêl-droed Caerdydd ac Abertawe wedi chwarae yn erbyn Derby County yr wythnos ddiwethaf, mae'n eironig fod yr wythnos hon yn gweld y gêm 'ddarbi' gyntaf ers chwe blynedd rhwng dwy ddinas fwyaf Cymru.

Yn wir, mae hi'n wythnos sy'n llawn o gêmau darbi, gyda'r gêm yng Nghanolbarth Lloegr rhwng Aston Villa a West Brom, Everton a Lerpwl ar Lannau Merswy, a'r gêmau yn Sbaen rhwng Espanyol a Barcelona, a Sevilla a Betis.

Does neb yn hollol siŵr o darddiad y term 'darbi' ond mae sawl theori yn cylchdroi o amgylch digwyddiadau yn ardal Swydd Derby. Esboniad posib arall yw bod y gêmau hyn yn draddodiadol yn denu torf fawr, yn debyg i ras geffylau y Derby.

I'r cefnogwyr, dyma gêmau mwyaf y tymor a'r cyfle i brofi pwy yw tîm gorau'r ardal. Bydd torfeydd mawr yn gwylio a'r awyrgylch yn drydanol.

Mae teuluoedd ar Lannau Merswy a thu hwnt wedi eu rhannu gydag ambell un yn cefnogi Lerpwl ac eraill yn ffafrio Everton. Yn Glasgow mae'r elfen grefyddol yn dyfnhau'r teimladau. Mae'n bosib mai un o gêmau darbi mwya'r byd yw honno yn yr Ariannin rhwng Boca Juniors a River Plate.

Yn Ne Cymru, gan fod rhywfaint o bellter daearyddol rhwng Caerdydd ac Abertawe, prin yw'r teuluoedd sydd wedi eu rhannu gyda'r elyniaeth ond efallai ei fod yn fwy amlwg rhwng ffrindiau sy'n cydweithio neu'n byw yn y naill ddinas neu'r llall. Mae'n bosib fod hyn yn dyfnhau'r elyniaeth, gyda theuluoedd yn fwy tebygol o dynnu coes tra bod ffrindiau neu gyd-weithwyr yn fwy tebygol o ddadlau!

O ran y chwaraewyr, fodd bynnag, prin yw eu cysylltiadau nhw bellach gyda'r ardaloedd maent yn eu cynrychioli. Ydyn, maen nhw'n byw yn y gymuned ac yn cael ymdeimlad o bwysigrwydd y darbi leol i'r cefnogwyr ond go brin eu bod mor ymwybodol o hanes a thraddodiad y gêm â phe baent wedi eu geni a'u magu yn yr ardal.

Yn y gorffennol, byddai'r ddau dîm yn cynnwys chwaraewyr lleol fyddai hefyd yn gefnogwyr brwd o'r clybiau. Erbyn hyn, mae chwaraewyr y clybiau yn dod o bob rhan o Brydain a thu hwnt, felly er eu bod yn honni fod gêm ddarbi yn gêm bwysig iddynt, yr hyn maent yn ei olygu mewn gwirionedd yw ei bod hi'n gêm bwysig i gefnogwyr y ddau glwb.

Roedd sylwadau Leighton James cyn y gêm gynderfynol yng Nghwpan Lloegr tymor diwethaf rhwng Barnsley a Chaerdydd, pan ddywedodd y byddai'n cefnogi'r tîm o Swydd Efrog yn hytrach na'r Adar Gleision yn brawf o'r elyniaeth sy'n bodoli. Mae'n siŵr y byddai rhywun fel James yn teimlo dipyn fwy o angerdd mewn gêm ddarbi yn erbyn Caerdydd na mwyafrif chwaraewyr Abertawe heddiw.

Mae'n siŵr fod un tîm bob amser mewn gêm ddarbi yn teimlo rhywfaint yn israddol i'r llall. Fel arfer mae un tîm wedi profi mwy o lwyddiant na'r llall, gyda'r cefnogwyr efallai yn eiddigeddus o'r tîm arall. Yn Ne Cymru, Caerdydd sydd wedi profi mwy o lwyddiant ar y maes chwarae dros y blynyddoedd diwethaf, tra mae'n siŵr fod cefnogwyr yr Adar Gleision rai blynyddoedd yn ôl yn eiddigeddus o stadiwm ysblennydd newydd Abertawe a'r ffordd y maent wedi sefydlogi oddi ar y cae. Mae'r hen deimlad fod y brifddinas yn cael ffafriaeth dros ail ddinas Cymru hefyd yn corddi yn y cefndir.

Beth bynnag fydd canlyniadau'r gêmau darbi yr wythnos hon, perfformiadau'r clybiau dros dymor cyfan yw'r gwir linyn mesur. Bydd curo'r hen elyn yn gyfle i dynnu coes a setlo ambell ddadl ac i'r cefnogwyr mae hyn yn holl bwysig.

Gydag Abertawe a Chaerdydd wedi cael gêmau cyfartal yn erbyn tîm Derby County yr wythnos ddiwethaf, mae'n bosib mai dyma'r canlyniad mwyaf diogel mewn gêm ddarbi. Ond gan mai yng Nghwpan Carling fydd y gêm rhwng y ddwy ddinas yn cael ei chwarae yr wythnos hon, bydd rhaid cael enillydd a bydd cefnogwyr un tîm yn gallu hawlio'r teitl o fod yn brif glwb Cymru – tan ddiwedd mis Tachwedd, o leiaf!

Siom wedi'r tymor droi'n sur ar y Swalec

29 Medi 2008

Cynhyrchydd Adran Chwaraeon BBC Cymru, Tomos Owen, sy'n bwrw golwg yn ôl dros haf helbulus yn hanes Morgannwg.

Fe ddechreuodd y cyfan yn gynt nag erioed o'r blaen gyda gêm ar ddiwedd mis Mawrth. Roedd cryn edrych ymlaen at dymor cofiadwy, mewn stadiwm newydd gyda chwaraewyr newydd oedd am gryfhau'r tîm. Fe ddaeth y cyfan i ben yn hwyrach nag erioed o'r blaen gyda gêm ar ddiwedd mis Medi gyda'r cefnogwyr, y chwaraewyr a'r swyddogion yn falch o weld y tymor yn dod i ben.

Do, gwelwyd rhywfaint o welliant o ran perfformiadau, gyda Morgannwg yn cystadlu yn fwy rheolaidd ond ar y cyfan roedd hi'n dymor siomedig arall, y cefnogwyr yn anfodlon a theimlad o ansefydlogrwydd ynglŷn â'r hyn sy'n digwydd oddi ar y maes.

Enillwyd tair gêm yn y Bencampwriaeth gan orffen un safle o waelod yr Ail Adran. O ran y gêmau undydd profwyd llwyddiant yn y gynghrair 40 pelawd, gyda Morgannwg yn sicrhau gêm ail-gyfle (er iddynt berfformio'n siomedig yn y gêm dyngedfennol). Cyrhaeddodd y Sir rownd wyth olaf y gystadleuaeth 20 pelawd drwy'r drws cefn (er iddynt unwaith eto berfformio'n siomedig yn y gêm dyngedfennol), a digon siomedig oedd eu record yn y gystadleuaeth 50 pelawd, gan ennill ond un gêm.

Gellir cwestiynu rhai o'r penderfyniadau a wnaed wrth ddewis y tîm. Ar ddechrau'r tymor doedd Robert Croft ddim yn rhan o'r tîm undydd er iddo brofi unwaith eto ei fod yn un o'r chwaraewyr prin o safon yn y garfan. Ar y llaw arall, ni chafodd y ddau chwaraewr mwyaf llwyddiannus mewn gêmau pedwar diwrnod, sef y batiwr Gareth Rees a'r bowliwr llaw chwith Adam Shantry, gyfle yn y gêmau undydd. Does bosib mai dewis eich tîm gorau ddylai fod y nod, beth bynnag fo hyd y gêm? Cafodd y batiwr ymosodol Richard Grant gyfle i agor y batio yn y gêmau Pencampwriaeth, er ei fod yn gweddu'n well i gêmau undydd ond ni chafodd y batiwr addawol Ben Wright gyfle digonol i arddangos ei dalentau yn y gêm bedwar diwrnod.

Unwaith eto siomodd y chwaraewyr profiadol, gyda David Hemp a Mike Powell yn euog o fethu cyfrannu gyda'r bat, Alex Wharf a David Harrison ar y cyfan yn aneffeithiol a Jamie Dalrymple yn siomedig iawn yn ei dymor cyntaf. Er bod y chwaraewr tramor Jason Gillespie yn bowlio'n gyson dda ni chymerodd ddigon o wicedi yn ystod y tymor i fod yn gwbl effeithiol. Rhaid canmol Mark Wallace am dymor da fel wicedwr a chyda'r bat a safon uchel arferol y ddau droellwr profiadol Robert Croft a Dean Cosker.

O ran Stadiwm Swalec ar ei newydd wedd, cymysglyd fu'r ymateb. Mae'n debyg fod y chwaraewyr yn hapus gyda'r cyfleusterau newydd (er ei bod hi'n ymddangos fod yr ystafelloedd newid rhyw hanner milltir o ganol y llain!). Mae'n siŵr fod y pwysigion yn eu crachflychau yn ddigon hapus hefyd. Ond y teimlad ymhlith y cefnogwyr cyffredin yw fod yna ddiffyg cymeriad i'r stadiwm newydd, gyda rhes ar ôl rhes o seddi gwag a diffyg awyrgylch yn amlwg yn y mwyafrif o gêmau. Mae'n siŵr y bydd yr awyrgylch yn drydanol ar gyfer y gêm yng Nghyfres y Lludw pan fydd y lle dan ei sang ond rhaid cofio mai pum niwrnod yn unig o griced mewn tymor hir fydd hwn.

Profwyd trafferthion hefyd o ran adfer cyflwr y maes wedi cyfnod o dywydd gwlyb gyda nifer yn cwestiynu safon system ddraenio a safon y gorchuddion. Arweiniodd y pryderon hyn at ddisodli'r tirmon Len Smith ac fe benodwyd Andy Atkinson, gŵr profiadol, i oruchwylio'r gwaith o wella'r system ddraenio dros fisoedd y gaeaf. Gadawodd y Prif Weithredwr Mike Fatkin dan gwmwl hefyd ac nid oes rheswm swyddogol wedi ei roi am ei ymadawiad. Bydd penodiad ei olynydd yn un gwbl allweddol gan fod angen dybryd am arweiniad ar hyn o bryd.

Gyda pherfformiadau a phenderfyniadau anwadal o ran y criced ac ansicrwydd oddi ar y maes, mae'n siŵr fod pawb yn hapus i gael hoe am rai misoedd i ystyried digwyddiadau'r chwe mis diwethaf.

Ond gyda'r gêm yng Nghyfres y Lludw yn agosáu, a'r sôn am arwyddo chwaraewyr newydd, mae'n siŵr y bydd pawb cyn bo hir yn edrych ymlaen yn eiddgar unwaith eto at ddiwedd mis Mawrth a dechrau'r tymor newydd a gobaith o'r newydd am ddyddiau gwell yn Stadiwm Swalec!

Wythnos gron

6 Hydref 2008

Cynhyrchydd Adran Chwaraeon BBC Cymru, Tomos Owen, sy'n edrych ymlaen at benwythnos agoriadol Cwpan Heineken.

Dechreuodd y tymor rygbi yn swyddogol rhyw fis yn ôl, ond dim ond nawr mae'r cystadlu yn dechrau mewn gwirionedd.

Er bod y Cynghrair Magners yn raddol ennill ei blwyf, gydag ambell gêm gofiadwy, mae penwythnos cyntaf y Cwpan EDF wedi gweld rhanbarthau Cymru yn wynebu ail os nad trydydd timau Lloegr.

Y penwythnos hwn bydd hi'n stori wahanol, gyda phob tîm yn Ewrop yn targedu Cwpan Heineken ac yn rhoi o'u gorau ym mhrif gystadleuaeth clybiau Hemisffer y Gogledd.

Dyma'r gystadleuaeth sy'n cyffroi'r chwaraewyr a'r cefnogwyr gyda'r torfeydd yn tyrru i wylio'r gêmau. Mae fformat y grwpiau a'r drefn o sicrhau lle yn rownd yr wyth olaf hefyd yn sicrhau bod y diddordeb yn cael ei gynnal tan y penwythnos olaf, gyda phob pwynt sy'n cael ei gasglu ar hyd y ffordd yn dyngedfennol i sicrhau llwyddiant.

Gydag ond chwe grŵp mae gêmau 'mawr' rhwng rhai o'r prif glybiau pob penwythnos a gellir dwyn i gof rai o'r gêmau cofiadwy hyn yn y gorffennol yn ddidrafferth – rhywbeth na ellir ei wneud gyda gêmau yng Nghynghrair Magners neu yng Nghwpan yr EDF.

Mae'n siŵr y byddai nifer o'r gêmau cofiadwy hyn yn cynnwys rhai tîm Llanelli neu'r Scarlets wrth iddyn nhw ddod mor agos cynifer o weithiau i gyrraedd y rownd derfynol.

Cyrhaeddodd Caerdydd y rownd derfynol gyntaf un ond roedd y gystadleuaeth yn dra gwahanol bryd hynny – cyfnod pan nad oedd timau Lloegr yn cystadlu.

.Y Gweilch fu gobaith mawr y Cymry yn ddiweddar ond siom a gafwyd yn rownd yr wyth olaf llynedd, tra bod y Dreigiau yn ddigon balch bod yn rhan o'r gystadleuaeth y tymor hwn.

Yn y gorffennol, mae cael eich cynnwys yn yr un grŵp â thîm o'r Eidal wedi'i gwneud hi'n haws i sicrhau lle yn rownd yr wyth olaf. Y tymor hwn mae'r Gweilch wedi eu cynnwys gyda Treviso, a'r Gleision gyda Calvisano. Ond mae'r Eidalwyr wedi profi dros y tymhorau diwethaf yn wrthwynebwyr teilwng, yn enwedig ar eu tir eu hunain, ac mae'r ffaith fod grŵp y Gweilch yn cynnwys Caerlŷr a Perpignan, a'r Gleision yn yr un grŵp â Biarritz a Chaerloyw yn eu gwneud hi'n anodd dros ben. Mae'n bosib mai sicrhau pwyntiau bonws fydd yn dyngedfennol i lwyddiant y Gweilch a'r Gleision.

O ran y Scarlets mi fydd hi'n anodd yn erbyn Stade Français ym Mharis, ond os all y rhanbarth o'r gorllewin ennill eu gêmau cartref a sicrhau ambell fuddugoliaeth oddi cartref mae gobaith cyrraedd yr wyth olaf.

Bydd hi'n anodd i'r Dreigiau, sydd mewn grŵp sy'n cynnwys Toulouse, Caerfaddon a Glasgow ond os all gwŷr Gwent ddangos yr un dycnwch ag a wnaed dros yr wythnosau diwethaf, pwy a ŵyr?

Bydd rhai o chwaraewyr gorau'r byd yn rhan o'r gystadleuaeth y tymor hwn, gyda Dan Carter yn chwarae dros Perpignan, Juan Martin Hernandez yn lliwiau disglair Stade Français, Doug Howlett gyda Munster a Rocky Elsom gyda Leinster. Gellir edrych ymlaen hefyd at yr ymweliad cyntaf â Pharc y Scarlets yn Llanelli ac o bosib y Nou Camp yn Barcelona ble mae Perpignan yn gobeithio chwarae rhai o'u gêmau cartref.

Gyda'r tymor rygbi yn araf ddeffro o drwmgwsg mae'r Cwpan Heineken yn barod i danio'r diddordeb. Os nad yw hynny'n ddigon, o fewn y mis bydd yna uchafbwynt arall, gyda gêmau rhyngwladol yr Hydref ble bydd Cymru yn herio Awstralia, De Affrica a Seland Newydd a does dim amheuaeth y bydd pawb yn rhoi o'u gorau yn y gêmau hyn!

Wythnos gron

13 Hydref 2008

Cynhyrchydd Adran Chwaraeon BBC Cymru, Tomos Owen, sy'n bwrw golwg dros y rhai hynny sydd wedi cyfuno gyrfa ym myd y campau ac astudiaethau academaidd.

Yng nghanol holl fwrlwm y gêmau pêl-droed rhyngwladol a Chwpan Heineken, prin iawn oedd y sylw a dderbyniodd bocsiwr ifanc o Gymru a enillodd ornest bwysig dros y penwythnos.

Nos Wener, coronwyd Nathan Cleverly o Dredegar Newydd, yn Bencampwr Is-drwm y Gymanwlad wedi iddo drechu Tony Oakey yn Lerpwl.

Dyma'r tro cyntaf i Cleverly focsio am fwy nag wyth rownd mewn gornest broffesiynol ac, yn ôl cyn-bencampwr y byd, Jim Watt, oedd yn sylwebu ar yr ornest, dyma oedd y perfformiad gorau gan un oedd yn ymladd dros ddeuddeg rownd am y tro cyntaf a welodd erioed – tipyn o glod.

Yr hyn sy'n hynod am Cleverly yw ei fod, fel mae ei enw'n awgrymu, yn berson deallus – mae'n astudio ar gyfer gradd mewn mathemateg ym Mhrifysgol Caerdydd.

Wrth ennill teitl pwysau is-drwm y Gymanwlad, mae'n dilyn ôl troed Cymro deallus arall sef Nicky Piper a enillodd y teitl yn 1994. Mae Nicky Piper yn enwog am fod yn aelod o'r sefydliad ar gyfer rhai gydag IQ uchel sef Mensa. Anaml y cysylltir y rhai sy'n cymryd rhan ym myd chwaraeon â deallusrwydd academaidd. Mae hynny'n ddigon teg, gan mai y gallu i ddarllen gêm ac nid darllen llyfr sydd bwysicaf ym myd y campau.

Dyw pêl-droedwyr, ar y cyfan, ddim yn cael eu hystyried fel y rhai mwyaf deallus. Fis Gorffennaf diwethaf, i wrthbrofi hyn, penderfynodd chwaraewr canol cae Notts County, Neil McKenzie, ymgeisio i ymddangos ar y rhaglen gwis *Countdown*.

Profodd cryn dipyn o lwyddiant, gan ennill nifer o rifynnau.

O ran y byd rygbi, yn draddodiadol gweithwyr caib a rhaw garw fu'r blaenwyr wedi eu caledu wrth weithio yn y pwll glo neu ar y fferm. Bellach, mae clo presennol Cymru, Alun Wyn Jones, yn astudio ar gyfer gradd yn y gyfraith ym Mhrifysgol Abertawe.

Dros y blynyddoedd mae nifer o Gymry fel Gerald Davies, Gareth Davies ac Eddie Butler wedi astudio ym Mhrifysgolion Rhydychen neu Gaergrawnt ac wedi arddangos eu deallusrwydd mewn gwahanol feysydd wedi hynny.

Oherwydd natur y gêm a'i chysylltiad â'r prifysgolion mae criced yn gêm sy'n cael ei chysylltu gyda deallusrwydd. Mae nifer helaeth o'r chwaraewyr wedi ennill graddau Prifysgol ac ar brydiau gwelir capten deallus yn cael ei gynnwys yn y tîm, fel ddigwyddodd gyda Mike Brearley ar ddiwedd y saithdegau a dechrau'r wythdegau, hyd yn oed os nad oedd yn serennu gyda'r bat neu'r bêl.

Bellach, mae chwaraewyr yn cael eu hargymell i barhau gyda'u hastudiaethau academaidd. Mae pawb yn ymwybodol o ba mor frau yw byd y campau ac y gallai anaf chwalu gyrfa ar unrhyw adeg. Gwelir nifer o swyddogion yn cael eu cyflogi i hybu datblygiad personol a gyrfa chwaraewyr ac mae hyn i'w ganmol.

Mae'n siŵr fod cefndir o astudio ac o ddysgu yn fanteisiol i chwaraewr wrth iddo gael cyfle i ehangu gorwelion ac i ddatblygu fel unigolyn. Ond ym myd y campau dawn reddfol, gynhenid sy'n hanfodol i fod yn chwaraewr effeithiol. Y gallu i berfformio o dan bwysau a gwneud y penderfyniadau cywir ar yr adeg gywir sy'n gyfrifol am lwyddiant. Efallai mai'r hyfforddwyr ddylai arddangos y deallusrwydd yn eu tactegau sy'n caniatáu i'r chwaraewyr arddangos eu doniau.

Fe fydd Nathan Cleverly 'nôl yn y Brifysgol yr wythnos hon ac yntau wedi profi ei fod yn effeithiol yn y sgwâr yn ogystal ag yn yr ystafell ddosbarth. Mae'n gyfuniad peryglus a gobeithio y bydd ei ddoethineb yn sicrhau gyrfa lewyrchus iddo – mae un peth yn sicr, fe ddylai ei radd mewn Mathemateg sicrhau ei fod yn ddigon cymwys i gyfri ei holl enillion pe bai'n profi mwy o lwyddiant fel bocsiwr yn y dyfodol!

Wythnos gron

20 Hydref 2008

Cynhyrchydd Adran Chwaraeon BBC Cymru, Tomos Owen, yn hel atgofion wrth baratoi i ffarwelio â Parc y Strade.

'When all roads led to Stradey Park' yw un o'r llinellau yng nghân enwog Max Boyce '9–3'.

Cân sy'n adrodd hanes y diwrnod mwyaf cofiadwy yn hanes Parc y Strade – pan wnaeth Llanelli, o dan gapteniaeth Delme Thomas, guro tîm teithiol y Crysau Duon.

Nos Wener, bydd y strydoedd unwaith eto yn arwain at Barc y Strade ond y tro hwn dyma fydd y bererindod olaf i'r cefnogwyr i'r hen faes enwog.

Yn anffodus, nid oedd angen 'papur doctor' arna i yn 1972 gan nad oeddwn i yno ond mae'r atgofion personol sydd gen i am y Strade yn rai y byddaf yn eu trysori.

Wrth feddwl am ornest rhwng Llanelli a Seland Newydd dyw fy atgofion i ddim mor bleserus â'r rhai am gêm 1972. 1989 oedd y flwyddyn a'r hyn rwy'n ei gofio yw'r tywydd ofnadwy. Ro'n i'n sefyll o flaen y sgorfwrdd enwog yn yr awyr agored ac roedd grym y gwynt a'r glaw gymaint fel yr oedd hi bron yn amhosib edrych ar y chwarae.

Llanelli 0 Seland Newydd 11 oedd ar y sgorfwrdd ar ddiwedd y gêm a doedd dim angen i Max Boyce estyn am ei gitâr i gyfansoddi cân newydd.

Mae'n siŵr mai'r gêm sy'n cymharu â gêm Seland Newydd yn y cyfnod diweddar oedd honno pan drechwyd Pencampwyr y byd, Awstralia, yn 1992. Roedd y lle dan ei sang a Ieuan Evans yn dathlu cais cofiadwy drwy daro ei fol yn erbyn un Rupert Moon. Ro'n i yn sefyll ym Mhen y Pwll ac yn gweld y cais yn y pellter. Tuag at ddiwedd y gêm, fodd bynnag, ro'n i yn y safle perffaith i weld Colin Stephens yn llwyddo gyda dwy gic adlam i selio'r fuddugoliaeth.

Un o rinweddau unrhyw hen faes yw'r ymdeimlad eich bod yn cael y cyfle i rannu profiad sydd wedi perthyn i genedlaethau o bobl yn y gorffennol. Pan yn blentyn, roedd cael rhedeg ar y cae ar y chwiban hanner amser, ac yna i fod yng nghanol y chwaraewyr wrth iddyn nhw gael eu *teamtalk* yn dipyn o wefr. Rhedeg oddi ar y maes wedyn, eiliadau cyn i'r chwarae ailddechrau a rhyfeddu fy mod wedi sefyll ar yr union fan ble roedd yr arwyr bellach yn dangos eu doniau.

Rwy wedi sôn eisoes am y sgorfwrdd enwog a dyma mae'n siŵr fydd un o'r pethau mwyaf cofiadwy am Barc y Strade. Roedd y ffaith fod enwau'r gwrthwynebwyr yn ymddangos yn y Gymraeg yn nodwedd arbennig. Ble arall yn y byd fyddai'r gair 'Picwns' i'w weld pan fyddai'r Wasps yn chwarae?

Adroddai Ray Gravell stori am un o dîm y Wasps yn ei holi, "Who the devil are they?" wrth weld yr enw anghyfarwydd 'Picwns' – ymateb Grav oedd "Buzz off!".

Mae'r sgorfwrdd bellach wedi symud i'r stadiwm newydd ac fe fydd i'w weld yn yr amgueddfa fydd yno.

Er bod nos Wener yn ddiwedd cyfnod, mae hefyd yn agor pennod newydd gyffrous yn hanes y Scarlets. Er yr holl hanes a thraddodiad sydd ynghlwm â Pharc y Strade mae'n rhaid edrych at y dyfodol ac at greu hanes newydd ym Mharc y Scarlets.

Roedd tristwch mawr ymhlith cefnogwyr pêl-droed Abertawe wrth ffarwelio â'r Vetch ond go brin fod nifer yn cwyno bellach o weld datblygiad y clwb yn Stadiwm Liberty. Does ond gobeithio y bydd yr un datblygiad i'w weld gyda rhanbarth y Scarlets yn eu stadiwm newydd hwy.

I Barc y Scarlets fydd y strydoedd yn arwain yn y dyfodol a bydd y cefnogwyr yn gwneud y bererindod i'r cartref newydd yn y gobaith o weld achlysuron mor gofiadwy â'r rhai a welwyd ar Barc y Strade yn y gorffennol.

Cydnabod gwaith y gwir sêr

27 Hydref 2008

Tomos Owen o Adran Chwaraeon BBC Cymru sy'n croesawu'r syniad i nodi cyfraniad yr unigolion sy'n gweithio'n galed yn y dirgel ym myd chwaraeon.

Ddechrau mis Rhagfyr bydd cyfle i edrych 'nôl ar un o'r blynyddoedd mwyaf llwyddiannus yn holl hanes chwaraeon yng Nghymru yn noson wobrwyo Personoliaeth Chwaraeon y Flwyddyn.

Mae'n siŵr y bydd y rhestr fer ar gyfer y brif wobr yn cynnwys unigolion a brofodd lwyddiant yn y Gêmau Olympaidd a Pharalympaidd megis Nicole Cooke, Geraint Thomas, Tom James, David Roberts ac Eleanor Simmonds, heb sôn am rai fel Joe Calzaghe a Shane Williams.

Wrth wobrwyo tîm y flwyddyn bydd cydnabyddiaeth i'r garfan rygbi genedlaethol a enillodd y Gamp Lawn, tîm pêl-droed Caerdydd a gyrhaeddodd rownd derfynol Cwpan FA Lloegr a thîm pêl-droed Abertawe a enillodd Bencampwriaeth Adran Gyntaf Cynghrair Coca Cola.

Ond yng nghanol yr holl enwau cyfarwydd hyn bydd yna wobr bwysig arall yn cael ei chyflwyno ar y noson. Dyma'r wobr i'r Arwr Tawel – rhywun sy'n cyfrannu yn y dirgel i sicrhau llwyddiant ym myd chwaraeon yn y gymuned. Person sy'n gweithio'n wirfoddol ac nad yw'n disgwyl cydnabyddiaeth am wneud hynny.

Mae'n siŵr y byddai pob un o'r arwyr fydd ar y rhestr fer ar gyfer prif wobr Personoliaeth Chwaraeon y Flwyddyn ac yn rhan o'r timau llwyddiannus yn barod i gydnabod cyfraniad rhywun a fu'n allweddol i'w datblygiad ond sydd yn derbyn fawr o glod am wneud hynny. Wedi'r cyfan mae byd y campau yn ddibynnol ar ewyllys da a theyrngarwch gwirfoddolwyr.

Mewn wythnos pan fo cricedwyr yn cystadlu yn y Caribî am $20 miliwn, mae'n fyd hollol gwahanol ar lefel gymunedol ble mae unigolion yn gweithio'n ddiflino a hynny'n gyfan gwbl ddi-dâl.

Er mwyn llwyfannu gêm griced mae angen rhywun i baratoi'r maes, i ddyfarnu, i gadw sgôr heb sôn am baratoi'r te. Yn amlach na pheidio bydd y chwaraewyr wedi derbyn hyfforddiant gan wirfoddolwyr a byddant yn talu am y fraint o gael cynrychioli eu clwb. Mae'n fyd hollol wahanol i'r hyn a welir yn India'r Gorllewin yr wythnos hon ond bydd nifer o'r chwaraewyr sy'n cystadlu am y wobr fawr yno yn ddyledus i unigolion sydd wedi cyfrannu o'u hamser i'w cynorthwyo ar ddechrau eu gyrfaoedd.

Dyma'r bobl sy'n rhoi'r cyfle i'r chwaraewyr i ddangos eu talent a all arwain at yrfa lwyddiannus ym myd y campau.

Llysgennad y wobr am 'Arwr Tawel' eleni yw Shane Williams ac mae'n siŵr mai ef fyddai'r cyntaf i gydnabod cyfraniad gwirfoddolwyr yn ei glwb lleol ef, Clwb yr Amman, a roddodd lwyfan iddo serennu pan oedd yn fachgen ifanc.

Yn yr ysgolion, yn bur aml mae llwyddiant ym myd chwaraeon yn ddibynnol ar ewyllys da athrawon i weithio oriau ychwanegol i ofalu am dimau sy'n chwarae gêmau ar benwythnosau neu fin-nos. Byddai miloedd o blant talentog wedi colli cyfleoedd di-ri i ymarfer eu sgiliau heb barodrwydd athrawon, rhieni neu unigolion eraill i roi o'u hamser prin.

Pan fo'r holl sôn am gytundebau gwerth miliynau o bunnoedd a dadlau a checru am hawliau chwaraewyr, byddai'n dda cofio am yr arwyr tawel sy'n gwbl allweddol i gynnal byd y campau.

Nodwedd o arwyr tawel yw nad ydynt yn gofyn am gydnabyddiaeth nac yn disgwyl hynny. Maent yn cyflawni eu dyletswyddau am eu bod un ai yn mwynhau'r gwaith neu yn teimlo dyletswydd at eu cymuned ac at helpu eraill.

Bellach, fodd bynnag, mae cyfle i'r Arwr Tawel sefyll ochr yn ochr gyda'r 'sêr' honedig a chyfle i bobl sylweddoli nad oes modd clodfori un heb gydnabod cyfraniad y llall.

Wythnos gron

3 Tachwedd 2008

Tomos Owen yn teimlo na fyddwn yn llwyr werthfawrogi dawn Joe Calzaghe yn llwyr nes y bydd wedi ymddeol. Gyda'r holl edrych ymlaen at gêmau rygbi rhyngwladol yr Hydref a'r dadlau dros ryddhau chwaraewyr i gynrychioli eu rhanbarthau, prin fu'r sylw hyd yma i ornest Joe Calzaghe yn erbyn Roy Jones Jr sy'n cael ei chynnal yn Efrog Newydd y penwythnos yma.

Nos Sadwrn bydd un o wir sêr holl hanes chwaraeon yng Nghymru, Joe Calzaghe, yn camu i'r sgwâr am y tro olaf a bydd colled fawr ar ei ôl.

Fel gyda nifer o sêr eraill, mae'n bosib na fyddwn yn llwyr werthfawrogi ei ddawn nes y bydd wedi ymddeol ac ymhen blynyddoedd byddwn yn edrych 'nôl ar yrfa un o gewri byd y campau.

Y trueni yw mai yn Efrog Newydd fydd ei ornest olaf ac mai ar deledu lloeren y bydd yn cael ei ddarlledu. Yn wir, mae gornestau Calzaghe bron i gyd wedi cael eu darlledu ar deledu lloeren, felly prin iawn yw'r sylw mae wedi ei gael o'i gymharu â bocswyr eraill.

Petai rhywun yn ystyried campau Calzaghe o'u cymharu â Frank Bruno, Audley Harrison neu Amir Khan ond eto'n holi pwy sydd â'r proffil uchaf, mae'n deg dweud mai'r tri olaf fyddai'r enwau mwyaf cyfarwydd ymhlith canran helaeth o'r boblogaeth.

Ond nid yw Calzaghe yn un sydd wedi dymuno bod yn llygad y cyhoedd – yn ei farn ef, bocsiwr ydyw, nid personoliaeth, ac iddo fe mae wedi cyflawni popeth os nad mwy nag yr oedd wedi ei ddymuno yn y gamp, ac mae'n fodlon gydag hynny.

Ei arwr mawr yw Rocky a gwylio'r ffilmiau wnaeth ei ysbrydoli i ddechrau bocsio pan yn blentyn. Nod Calzaghe nawr yw gorffen ei yrfa heb golli'r un ornest – yn union fel y gwnaeth Rocky Marciano.

Er bod ystadegau gyrfa Calzaghe eisoes yn sicrhau lle iddo

ymhlith rhestr y bocswyr gorau erioed, byddai gorffen ei yrfa yn ddiguro yn ychwanegu rhyw elfen chwedlonol iddo. Mae ambell awgrym fod Calzaghe yn ystyried parhau â'i yrfa wedi'r ornest yn erbyn Roy Jones Jr. Peryglus yw ceisio ymestyn gyrfa ychydig yn rhy hir ac mae'n gamp i ddewis yr amser perffaith i ymddeol. Llawer gwell ymddeol ar y brig a chael ei gofio fel y pencampwr gyda gyrfa ddilychwyn. Mae rhai yn penderfynu cario mlaen am nad ydynt yn gallu dychmygu bywyd heb gystadlu ar y lefel uchaf. Dywed Joe, fodd bynnag, ei fod wedi cael digon, a'i fod yn ystyried gyrfa yn hyrwyddo gornestau bocsio.

Er ei fod wedi ennill ei ffortiwn ym myd bocsio, mae rhywun yn cael yr argraff nad arian sy'n ei ysgogi. Wedi'r cyfan, mae'r ffaith ei fod yn parhau i fyw yn ei filltir sgwâr yn ardal Trecelyn ac yn ymarfer mewn amgylchiadau digon cyffredin yn brawf mai bocsiwr ac nid personoliaeth yw Calzaghe. Mae hefyd bob amser yn gefnogol i'r bocswyr eraill sy'n ymarfer yn ei gampfa ac yn ymhyfrydu yn eu llwyddiant.

Bydd cenedlaethau o bobl yn y dyfodol yn sôn am gampau Joe Calzaghe yn yr un modd ag y gwnânt am Jimmy Wilde, Tommy Farr a Freddie Welsh.

Rydym wedi bod yn ffodus i berthyn i gyfnod sydd wedi tystio i ddawn bocsiwr arbennig a gobeithio y bydd gornest nos Sadwrn yn ddiweddglo teilwng i yrfa gwir bencampwr o Gymro.

Cystadlu am yr hawl i fod yn ail
10 Tachwedd 2008

Mae diffyg gwir elfen gystadleuol yng Nghwpan Rygbi Tri ar ddeg y Byd yn adlewyrchu'r ffaith mai ond mewn tair gwlad y mae'r gamp yn cael ei chwarae o ddifrif, yn ôl Tomos Owen.

Yn y gorffennol, bu cwyno nad yw Cwpan Rygbi neu Griced y Byd yn gystadleuol tan i'r Pencampwriaethau dynnu tua'u terfyn.

Wrth wylio Cwpan Rygbi Tri ar ddeg y Byd, a gynhelir yn Awstralia ar hyn o bryd, mae'n ymddangos bod pawb yn gytûn mai cystadleuaeth i weld pwy fydd yn wynebu'r tîm cartref yn y rownd derfynol yw'r tair wythnos gyntaf o gystadlu.

Mewn gwirionedd tri thîm cystadleuol sydd yn y Bencampwriaeth, sef Awstralia, Seland Newydd a Lloegr – er bod Awstralia yn dipyn cryfach na'r ddwy wlad arall. Gosodwyd y gwledydd hyn yn yr un grŵp er mwyn llunio detholion ar gyfer y rownd gynderfynol. O ran y gwledydd eraill megis Iwerddon a'r Alban (sydd â'u carfannau yn drwch o chwaraewyr o Awstralia) maen nhw wedi bod yn cystadlu'n frwd yn erbyn ei gilydd am y fraint o wynebu Awstralia yn y rownd gynderfynol – diolch yn fawr!

Bydd y ddau dîm orffennodd yn ail a thrydydd yn y prif grŵp, sef Seland Newydd a Lloegr, yn herio ei gilydd eto am y fraint o wynebu Awstralia yn y rownd derfynol.

Ie, wedi tair wythnos o gystadlu, y cwestiwn mawr yw pwy fydd yn cael crasfa gan Awstralia yn y rownd derfynol, Seland Newydd neu Loegr? O leiaf gyda Cwpan Rygbi a Chriced y Byd mae yna ryw ddwsin o dimau allai, o bosib, godi'r tlws. Yr hyn sy'n gwneud Cwpan Pêl-droed y Byd yn arbennig yw bod y gystadleuaeth fel arfer mor benagored. Mae cystadleuaeth ble mae'r canlyniad yn amlwg cyn i'r chwarae ddechrau yn bur ddiflas. Gellir dadlau bod y gêmau rhwng y gwledydd llai yn llawer mwy difyr na'r rhai rhwng y prif dimau.

Y gwir amdani yw mai ond mewn tair gwlad y chwaräeir rygbi tri ar ddeg proffesiynol o ddifri, sef Awstralia, Seland Newydd a Lloegr. Does dim traddodiad o chwarae rygbi tri ar ddeg yn Iwerddon na'r Alban ond mae timau wedi eu creu er mwyn gallu cynnal cystadleuaeth Cwpan y Byd.

Roedd hi'n siom na wnaeth tîm Cymru gyrraedd Cwpan y Byd, ond faint o bobl sy'n poeni mewn gwirionedd? Tybed faint o enwau chwaraewyr carfan rygbi tri ar ddeg Cymru allwch chi eu henwi? Mae'r Celtic Crusaders o Ben-y-bont wedi ennill yr hawl i gystadlu yn y Superleague tymor nesaf, ond unwaith eto tîm wedi ei greu yn artiffisial yw hwn, sy'n ddibynnol ar ddylanwad hyfforddwr a chwaraewyr o Awstralia. Gan fod Undeb Rygbi Cymru wedi amddifadu'r ardal o rygbi proffesiynol, mae'n bosib y bydd y tîm yn magu gwreiddiau ac yn profi llwyddiant. Ond bydd rhaid sicrhau hynny drwy ymdrech farchnata gref a llofnodi chwaraewyr (o Awstralia neu Loegr) i gael tîm cystadleuol.

Gêm sy'n cael ei chwarae yng ngogledd Lloegr yw rygbi tri ar ddeg ac er pob ymdrech i geisio sefydlu clybiau yn Llundain a Ffrainc, mae'n ymddangos mai talcen caled yw cynnal y timau hyn yn y tymor hir. Go brin fod nifer o blant ysgol yn breuddwydio am gael cynrychioli tîm rygbi tri ar ddeg Cymru, heb sôn am gael cynrychioli'r tîm yng Nghwpan Rygbi'r Byd. Bydd hi'n ddiddorol gweld datblygiad y Crusaders yn y tymor byr, ond tybed beth yw'r rhagolygon tymor hir?

Ymhen pythefnos bydd Stadiwm Suncorp yn Brisbane dan ei sang i weld coroni Awstralia yn Bencampwyr y Byd. Byddai unrhyw ganlyniad arall yn dipyn o syndod ond wedi'r cyfan mae digon o enghreifftiau o ffefrynnau clir yn cloffi o dan bwysau. Pwy fyddai'n credu nad yw Seland Newydd wedi ennill Cwpan Rygbi'r Byd ers y gystadleuaeth gyntaf 'nôl yn 1987? Ydy, mae'r gwir gystadlu yng Nghwpan Rygbi Tri ar ddeg y Byd ar fin dechrau, gyda'r rownd derfynol wythnos i ddydd Sadwrn!

Tywyllwch mis Tachwedd

17 Tachwedd 2008

Mae mis Tachwedd wedi profi'n un anodd i gefnogwyr timau cenedlaethol Cymru yn y gorffennol, meddai Tomos Owen.

Tachwedd 17 1993 – dyna'r dyddiad bymtheg mlynedd yn ôl a brofodd i fod yn rhywfaint o drobwynt ym myd pêl-droed Cymru gyda'r gêm honno rhwng Cymru a Rwmania ym Mharc yr Arfau. Gêm ble y daeth Cymru o fewn trwch blewyn i gyrraedd rowndiau terfynol Cwpan y Byd yn Unol Daleithiau America. Bu trafod maith am y gêm wedi hynny. Beth petai Neville Southall, un o gôl-geidwaid gorau'r byd ar y pryd, heb adael i ergyd Gheorghe Hagi lithro o dan ei gorff ac i'r gôl. Beth petai Paul Bodin wedi llwyddo gyda'r gic o'r smotyn enwog a darodd y trawst. Beth petai Cymru wedi cyrraedd Cwpan y Byd?

Roedd siom y genedl yn amlwg ond doedd hi ddim yn drychineb. Y drychineb oedd clywed wedi'r gêm am farwolaeth cefnogwr wedi i *flare* gael ei ollwng yn rhydd o fewn y stadiwm. Roedd Cymru wedi colli cyfle i chwarae pêl-droed ar y llwyfan fwyaf un – roedd un cefnogwr wedi colli ei fywyd ac roedd hynny yn rhoi'r cyfan yn ei gyd-destun.

Bymtheg mlynedd yn ddiweddarach ac mae pethau'n edrych yn addawol unwaith eto o ran y tîm pêl-droed cenedlaethol. Mae tîm ifanc John Toshack yn datblygu'n dda, a does ond gobeithio y caiff Cymru gyfle arall i gyrraedd rowndiau terfynol un o brif gystadlaethau'r byd pêl-droed. Gyda mab Paul Bodin, Billy yn chwarae i dîm dan 16 Cymru, pwy a ŵyr, mae'n bosib y gwelwn ni'r mab yn llwyddo ble methodd y tad!

Tachwedd 11 1978 – dyna'r dyddiad dri deg mlynedd yn ôl pan welwyd tîm rygbi Cymru yn dod o fewn trwch blewyn i guro Seland Newydd. Dyna'r gêm pan wnaeth Andy Haden a Frank Oliver ffugio trosedd mewn lein a sicrhaodd gic gosb dyngedfennol i'r Crysau Duon. Roedd Cymru ar y blaen tuag at ddiwedd y gêm ac am sicrhau buddugoliaeth gyntaf dros Seland Newydd er 1953. Llwyddodd Brian McKechnie â'r gic ac rydym yn dal i aros i guro'r Crysau Duon am fwy na hanner can mlynedd.

Unwaith eto, dydd Sadwrn yma, bydd cyfle i geisio curo'r Crysau Duon. Bydd sôn am 1953 yn amlwg iawn cyn y gêm ond bydd hi'n anodd yn erbyn tîm sydd eisoes wedi profi'n dîm effeithiol ar y daith hon i Brydain. Mae rhyw swyn arbennig yn perthyn i'r Crysau Duon. Does ond angen ystyried y bri y mae cefnogwyr Llanelli yn ei roi ar eu buddugoliaeth nhw yn erbyn y tîm teithiol 'nôl yn 1972 i sylweddoli hynny.

Bydd y cefnogwyr yn edrych ymlaen at weld yr Haka ar y cae cyn y gêm y tro hwn – rhywbeth, am ryw reswm, na ganiatawyd yn ystod Cyfres yr Hydref llynedd. Ond rhaid cofio bod y Crysau Duon yn dîm didostur sy'n barod i wneud unrhyw beth, boed hynny'n gyfreithlon neu beidio, i sicrhau buddugoliaeth, yn union fel y gwnaeth Haden ac Oliver dri deg mlynedd yn ôl.

Gyda'n timau pêl-droed a rygbi yn chwarae yr wythnos hon – un yn ceisio adeiladu tîm fydd yn ceisio cyrraedd rowndiau terfynol prif gystadleuaeth, a'r llall yn ceisio creu hanes a churo Seland Newydd – mae'n bosib mai'r hyn sy'n nodweddu'r ddau yw'r anallu i fod yn ddidostur a sicrhau buddugoliaethau, doed a ddelo.

Ond ai gwendid mewn gwirionedd yw hynny? Llawer gwell, dybiwn i, yw bod ein timau cenedlaethol yn cael ambell fuddugoliaeth gofiadwy na'u bod yn twyllo i gyrraedd y nod.

Rydym wedi profi sawl siom ar hyd y ffordd, dim un yn fwy na honno bymtheg mlynedd yn ôl yn erbyn Rwmania. Mae byd chwaraeon yn rhan ganolog o fywydau cynifer o bobl, ond fe ddysgodd y noson honno fod rhai pethau yn llawer pwysicach. O gymryd y meddylfryd yma, pwy a ŵyr, mae'n bosib y byddwn ni nos Sadwrn nesaf yn dathlu'r fuddugoliaeth gyntaf yn erbyn Seland Newydd er 1953 a hynny drwy chwarae teg!

Wythnos gron

24 Tachwedd 2008

Bydd y ffyddloniaid yn codi'n gynnar fore Sul nesaf, ond nid i fynychu eglwys neu gapel, fel yr eglura Tomos Owen.

Beth yw bore dydd Sul arferol i chi? Cyfle i gysgu'n hwyr ac ymlacio, siopa neu fynychu capel neu eglwys leol? Wel, fore Sul nesaf bydd miloedd yn tyrru erbyn 11.15 y bore i Stadiwm Liberty i wylio'r gêm bêl-droed hir-ddisgwyliedig rhwng Abertawe a Chaerdydd.

Does bosib mai dyma un o'r amserau cynharaf ar gyfer cic gyntaf gêm bêl-droed ym Mhrydain. Os yw hi'n mynd i fod yn ymdrech i'r cefnogwyr gyrraedd mewn pryd, meddyliwch am sut fydd amser y gic gyntaf yn effeithio ar baratoadau'r chwaraewyr. Mae chwaraewyr proffesiynol yn hoffi dilyn trefn. Yn ddelfrydol byddai pob gêm yn dechrau am 15.00 neu yn y nos gan fod patrwm pendant i'r paratoadau. O bryd i'w gilydd rhaid addasu ar gyfer gêm sy'n dechrau am 12.00 neu 17.30 ond mae 11.15 yn amser newydd eto. Y cwestiwn mawr yw a fyddan nhw'n cymryd eu cwpanaid o goffi cyn camu ar y maes neu aros tan hanner amser!

Y rheswm, wrth gwrs, am yr amser hwn yw i geisio osgoi trafferth ymhlith y cefnogwyr. Y tro diwethaf i'r ddau dîm wynebu ei gilydd yng Nghwpan Carling ym mis Medi gwelwyd golygfeydd digon hyll. Y gobaith yw na fydd yr hwliganiaid yn barod am frwydr ar fore Sul. Fe wnaeth y trafferthion oddi ar y cae yn ystod ac wedi'r gêm honno dynnu sylw oddi ar gêm gofiadwy. Y gobaith yw na fydd yr un peth yn digwydd y tro hwn ac mai trafod rhagoriaethau'r gêm fydd pawb erbyn iddyn nhw gyrraedd adref ar gyfer eu cinio dydd Sul.

1999 oedd y tro diwethaf i Abertawe a Chaerdydd wynebu ei gilydd yn y gynghrair. Gêm ddiflas, ddi-sgôr oedd hon yn adran isaf y cynghreiriau pêl-droed. Bellach, mae'r ddau dîm yn hedfan yn uchel yn y Bencampwriaeth ac wedi cael dechrau derbyniol iawn i'r tymor. Derbyniodd Abertawe dipyn o ganmoliaeth am safon eu pêl-droed ac mae Caerdydd wedi llwyddo i ennill pwyntiau wrth ddenu chwaraewyr o safon ar fenthyg i lenwi bylchau yn y tîm oherwydd anafiadau. Yn wir mae'r ddau glwb wedi dioddef anafiadau tymor hir i chwaraewyr allweddol dros yr wythnos ddiwethaf. Bydd chwaraewr canol cae Abertawe, Ferrie Bodde, yn colli gweddill y tymor wedi anaf i'w ben-glin, tra bydd Peter Wittingham o Gaerdydd allan am dri mis gydag anaf i'w bigwrn.

Mae traddodiad o gêmau cofiadwy rhwng y ddau glwb – gêmau tanllyd gydag awyrgylch drydanol. Dyna fyddai rhywun yn ei ddisgwyl mewn gêm ddarbi ac mae gelyniaeth rhwng y cefnogwyr yn beth iach ar yr amod fod hwnnw'n cael ei reoli a ddim yn achosi trafferth.

Prin bydd y Cymry yn y ddau dîm ond mae'n siŵr fod profiad y chwaraewyr o'r gêm 'nôl ym mis Medi yn ddigon i'w argyhoeddi o bwysigrwydd y gêm i'r ddau glwb. Heb amheuaeth, bydd digwyddiadau Stadiwm Liberty o dan y chwyddwydr. Bydd ymddygiad y cefnogwyr a gallu'r heddlu a'r clwb i'w rheoli ar brawf.

Does ond gobeithio y cawn ni gêm gofiadwy, heddychlon fore Sul nesaf. Pwy a ŵyr, mae'n bosib y bydd yr hwliganiaid yn cysgu, yn siopa neu hyd yn oed wedi mynd i'r capel neu'r eglwys leol!

Cyfle i ddathlu blwyddyn ryfeddol

1 Rhagfyr 2008

Ar ôl blwyddyn gofiadwy i fyd y campau yng Nghymru fe fydd y dasg o ddewis Personoliaeth Chwaraeon y Flwyddyn BBC Cymru yn un anodd, medd Tomos Owen.

Mae'r amser wedi cyrraedd unwaith eto i anrhydeddu Personoliaeth Chwaraeon y Flwyddyn BBC Cymru.

Rhaid cyfaddef bod ambell flwyddyn ble mae'n rhaid pendroni ynghylch chwe enw sy'n deilwng i fod ar y rhestr fer, heb sôn am enillydd, ond nid felly eleni. Mae wedi bod yn flwyddyn gofiadwy i fyd y campau yng Nghymru a gellir yn hawdd fod wedi dewis deg o enwau neu fwy i'w cynnwys ar y rhestr fer.

Mewn blwyddyn Olympaidd efallai y byddai rhywun yn disgwyl mwy o ddewis ond roedd llwyddiant y Cymry yn y Gêmau Olympaidd a Pharalympaidd y tu hwnt i unrhyw beth a welwyd yn y gorffennol. Cipiodd Nicole Cooke, Geraint Thomas a Tom James fedalau aur a Tom Lucy a David Davies fedalau arian yn Beijing tra enillwyd 14 medal gan y Cymry yn y Gêmau Paralympaidd. Enillodd Nicole Cooke hefyd Bencampwriaeth y Byd.

Ar ben hynny, gwelwyd llwyddiant tîm rygbi Cymru yn ennill y Gamp Lawn a Shane Williams yn cael ei goroni fel chwaraewr gorau'r byd. Fe gyrhaeddodd Clwb Pêl-droed Caerdydd rownd derfynol Cwpan FA Lloegr tra sicrhaodd Abertawe ddyrchafiad i'r Bencampwriaeth drwy ennill Adran Gyntaf Cynghrair Coca Cola. Ychwanegwch gampau Joe Calzaghe yn curo Bernard Hopkins yn Las Vegas a Roy Jones Jr. yn Efrog Newydd ac mae wedi bod yn dipyn o flwyddyn.

Mewn unrhyw flwyddyn arall byddai Ryan Giggs, a oedd yn rhan o garfan Man. Utd a enillodd Uwch Gynghrair Lloegr a Chynghrair y Pencampwyr, yn cael ei gydnabod. Hefyd Sam Thomas, joci buddugol y Cwpan Aur yn Cheltenham a Mark Webster, pencampwr dartiau'r byd.

Ond sut mae dewis rhwng y criw dethol hyn? Mae'r un hen ddadl yn siŵr o godi eto ynglŷn â beth yn union yw nod y gystadleuaeth. Ai pleidleisio dros bersonoliaeth fydd rhywun yntau dros yr hyn mae person wedi ei gyflawni?

Sut gall rhywun gymharu medal aur Nicole Cooke ar gefn beic a David Roberts a enillodd bedair medal aur yn y pwll ac sydd bellach wedi ennill 11 medal aur mewn 3 o Gêmau Olympaidd?

Roedd y seiclwr Geraint Thomas a'r rhwyfwr Tom James yn rhan o dîm ond nid eu bai nhw oedd hynny – fe wnaethon nhw ymdrechu hyd eithaf eu gallu i sicrhau llwyddiant. Mae Shane Williams hefyd yn rhan o dîm ond wedi ei gydnabod fel y chwaraewr gorau yn y byd – tipyn o gamp.

O ran Calzaghe, does dim amheuaeth mai dyma un o'r bocswyr gorau erioed yn un o'r campau anoddaf, ac mae wedi cael blwyddyn anhygoel. Ond fe sydd wedi ennill y gystadleuaeth dros y ddwy flynedd ddiwethaf – ddylai hyn fod yn ffactor?

Dyma un o'r blynyddoedd mwyaf llewyrchus yn hanes chwaraeon Cymru a bydd nos Sul nesaf yn gyfle i gofnodi hynny. Wedi sawl blwyddyn yn y gorffennol ble mae gwir lwyddiant ymhlith y Cymry wedi bod yn ddigon prin fe fydd yn gyfle i gydnabod talentau cenhedlaeth arbennig o bencampwyr sydd wedi serennu ar lefel byd.

Fe fydd y cyhoedd yn cael y cyfle i bleidleisio dros enillydd ond eleni dylai'r gwir bwyslais fod ar gyd-ddathlu blwyddyn ryfeddol ym myd y campau yng Nghymru.

Cymeriadau brith yr opera sebon
8 Rhagfyr 2008

Tomos Owen sydd wedi bod yn gwylio'r ffars barhaol ym myd pêl-droed gogledd-ddwyrain Lloegr.

Pan ailymddangosodd David Moffett fel ffigwr allweddol ym myd rygbi Cymru yn ddiweddar, croesawodd Warren Gatland ef yn ôl i'r hyn roedd e'n ei ddisgrifio fel opera sebon. Petai'r hyfforddwr cenedlaethol yn byw yng ngogledd-ddwyrain Lloegr, mae'n siŵr mai ffars fyddai'r disgrifiad fyddai wedi ei ddefnyddio.

Eisoes y tymor yma gwelwyd Kevin Keegan yn gadael Clwb Pêl-Droed Newcastle wedi wyth mis wrth y llyw. Pan y'i apwyntiwyd gwelwyd golygfeydd rhyfeddol wrth i'r cefnogwyr ddathlu bod eu harwr 'nôl fel rheolwr ar glwb mawr oedd yn tangyflanwi'n rhyfeddol. Keegan oedd yn mynd i'w hachub ac roedd y dyddiau da 'nôl ar Barc St James.

Cafodd ymadawiad Keegan yr un effaith eithafol. Roedd y cefnogwyr fel petaent yn galaru ac yn dweud nad oedd unrhyw reolwr arall allai gymryd ei le ac na fyddent bellach yn barod i fynd i wylio'r clwb yn chwarae. Wedi cyfnod heb reolwr apwyntiwyd Joe Kinnear a lwyddodd i gythruddo pawb yn ei gynhadledd gyntaf i'r wasg drwy regi a bytheirio ar bawb a phopeth.

Gyda chanlyniadau Newcastle wedi gwella rhywfaint, llwyddodd Kinnear i gael cytundeb newydd tan ddiwedd y tymor a dychwelodd y torfeydd i Barc St James.

Am gyfnod, mae'n siŵr fod cefnogwyr Newcastle wedi bod yn ddigon cenfigennus o'u gelynion mawr, Sunderland. Am flynyddoedd lawer nhw oedd clwb mawr y gogledd-ddwyrain ond am gyfnod roedd Sunderland yn profi mwy o lwyddiant ac yn ymddangos fel clwb mwy sefydlog.

Roedd consortiwm yn cynnwys y cyn-chwaraewr poblogaidd Niall Quinn yn berchnogion ar y Clwb a'r Gwyddel carismataidd Roy Keane yn rheolwr. Enillwyd dyrchafiad i'r Uwch Gynghrair yn 2007 a chafwyd tymor gweddol y llynedd. Roedd arian yn y coffrau i'w wario ac roedd y cefnogwyr wrth eu bodd.

Yr wythnos ddiwethaf chwalwyd hyn i gyd gydag ymddiswyddiad disymwth Keane. Datgelwyd nad oedd Keane a Quinn yn siarad â'i gilydd ond drwy neges destun ond eto fod Quinn wedi treulio tridiau yn ceisio perswadio Keane i aros – mae'n siŵr fod bys bawd y ddau wedi blino ar ôl yr holl decstio!

Ond dyw rhywun ddim yn synnu fod pethau wedi dod i ben yn y fath fodd gyda Roy Keane, o ystyried ei orffennol fel chwaraewr. Roedd yn gymeriad digyfaddawd – nodwedd a amlygwyd yng Nghwpan y Byd 2002 pan adawodd garfan Weriniaeth Iwerddon am nad oedd yn hapus â safon y cyfleusterau ymarfer.

Mae'r chwilio am olynydd wedi dechrau ac mae nifer o reolwyr wedi sôn am gymaint o fraint fyddai hi i reoli clwb mawr sy'n tangyflawni. Mae'n rhyfedd gymaint o glybiau mawr sydd yn tangyflawni!

Keane yw'r deunawfed rheolwr yng nghynghreiriau Lloegr i adael ei swydd y tymor yma. Yma yng Nghymru fe gollodd Brian Little ei swydd fel rheolwr Wrecsam ym mis Medi ond mae ei olynydd Dean Saunders wedi llwyddo i drawsnewid y clwb gyda'i bersonoliaeth arbennig a'i allu i ddenu chwaraewyr drwy ei gysylltiadau niferus ym myd pêl-droed.

Collodd Tomi Morgan ei swydd fel rheolwr y Trallwng, ar yr un prynhawn a enillodd y clwb yn erbyn Caerfyrddin. Roedd wedi profi llwyddiant rhyfeddol dros y tymhorau diwethaf gyda chlwb bach oedd o bosib yn gor-gyflawni!

Pwy fyddai am fod yn rheolwr? Dyw llwyddiant ddim bob amser yn sicrhau eich dyfodol yn y swydd – does ond angen edrych ar yr hyn ddigwyddodd i Tomi Morgan, a Mike Ruddock fel hyfforddwr tîm rygbi Cymru. Ond wrth i Gatland a Moffett barhau i actio yn opera sebon rygbi Cymru mae'n ymddangos fod y pantomeim gorau y Nadolig hwn yng ngogledd-ddwyrain Lloegr!

Wythnos gron

15 Rhagfyr 2008

Efallai bod ganddynt gartref newydd, ond yr un hen stori yw hi i'r Scarlets, medd Tomos Owen.

Mae'n rhyfedd fel mae pethau yn gallu trawsnewid mor sydyn ym myd chwaraeon. Pwy fyddai wedi proffwydo ar ddiwedd mis Ebrill y llynedd, wrth i filoedd o gefnogwyr y Scarlets heidio i Gaerlŷr ar gyfer rownd gynderfynol Cwpan Heineken, y byddai'r rhanbarth yn dal i ddisgwyl buddugoliaeth arall yn Ewrop ym mis Rhagfyr 2008?

Y tymor hwnnw llwyddodd y Scarlets i gipio 27 pwynt drwy ennill pob un gêm yn y grŵp gan gynnwys buddugoliaeth gofiadwy oddi cartref yn erbyn Toulouse. Aethant yn eu blaenau i guro Munster ar Barc y Strade yn rownd yr wyth olaf cyn colli yn erbyn Caerlŷr yn y rownd gynderfynol.

Llynedd cafwyd tymor trychinebus yn Ewrop, gyda'r Scarlets yn methu cipio'r un pwynt ond rhaid ystyried fod y grŵp yn cynnwys Wasps, Munster a Clermont Auvergne. Canlyniad hyn oedd i'r hyfforddwr, Phil Davies, golli ei swydd.

Y tymor yma, mae'r Scarlets wedi colli yn erbyn yr Harlequins, Stade Français ac Ulster ond wedi llwyddo i atal rhywfaint ar y rhediad gwael gyda gêm gyfartal yn erbyn y tîm o Ogledd Iwerddon nos Wener ddiwethaf.

Yng nghanol y diffyg llwyddiant mae'r rhanbarth wedi profi cyfnod o drawsnewid. Y newid mwyaf yw bod y cartref wedi symud o Barc y Strade i Barc y Scarlets ond oes cysylltiad rhwng y ddau beth?

Gellir cymharu sefyllfa'r Scarlets gydag un Clwb Criced Morgannwg – cartref newydd ysblennydd ond tîm sydd yn colli fwy o gêmau nag y maent yn eu hennill. Dadl swyddogion y ddau glwb yw bod rhaid dioddef diffyg llwyddiant yn y tymor byr ond gyda'r incwm ychwanegol o'r cyfleusterau newydd y bydd y timau ar eu hennill yn y tymor hir.

Ond a yw'r cefnogwyr yn barod i barhau i ddilyn tîm sy'n colli mewn stadiwm hanner gwag yn y gobaith y bydd pethau'n gwella ymhen rhai blynyddoedd? Mae cnewyllyn o gefnogwyr triw yn perthyn i bob tîm ac mewn cyfnodau anodd o ddiffyg llwyddiant mae'r clybiau yn ddibynnol ar y rhain. Er bod swyddogion yn honni mai arian y dynion busnes sy'n llenwi'r crachflychau sy'n allweddol i lwyddiant tymor hir, mae'n rhaid gofyn a fydd y bobl hyn yn barod i barhau i gael eu cysylltu â thîm sy'n colli mor gyson?

Un elfen gadarnhaol, fodd bynnag, yw bod yr ieuenctid yn cael y cyfle i chwarae ac mae digon o gwyno wedi bod nad yw hyn yn digwydd yn ddigon aml gyda rhai clybiau. Ond fel y dywedodd Alan Hansen rai blynyddoedd yn ôl, "You don't win anything with kids" (er iddo fe gael ei brofi'n anghywir gyda thîm ifanc talentog Man Utd!).

Mae digon o enghreifftiau o glybiau sydd wedi elwa o symud i stadiwm newydd. Does ond angen i'r Scarlets edrych dros Bont Llwchwr a llwyddiant Clwb Pêl-droed Abertawe yn Stadiwm Liberty. Mae stori Hull City yn fwy rhyfeddol wedi iddyn nhw symud i'w stadiwm newydd nhw.

Dros gyfnod y Nadolig a'r Flwyddyn Newydd bydd y rhanbarthau yn chwarae yn erbyn ei gilydd a bydd cryn dipyn o bwysau ar Nigel Davies i sicrhau ambell fuddugoliaeth i'r Scarlets. Fel arfer, mae'r cefnogwyr yn tyrru i wylio'r gêmau hyn a does ond gobeithio y bydd hyn yn wir am Barc y Scarlets dros yr wythnosau nesaf. Does dim amheuaeth fod y Scarlets yn haeddu cartref newydd a chyfleusterau o'r radd flaenaf.

Y gobaith yw y bydd y tîm presennol yn medru perfformio'n well dros y misoedd nesaf er mwyn plesio'r ffyddloniaid a'r dynion busnes, a sicrhau llwyddiant y rhanbarth yn y tymor hir.

TOMOS BEFAN OWEN

TOMOS

8 EBRILL 1977 - 4 IONAWR 2009

Cynlluniwyd gan Ieuan Rees

Am restr gyflawn o lyfrau'r Lolfa, mynnwch
gopi o'n catalog newydd, rhad
neu hwyliwch i mewn i'n gwefan

www.ylolfa.com

lle gallwch archebu llyfrau ar lein.

TALYBONT CEREDIGION CYMRU SY24 5HE
ebost ylolfa@ylolfa.com
gwefan www.ylolfa.com
ffôn 01970 832 304
ffacs 832 782